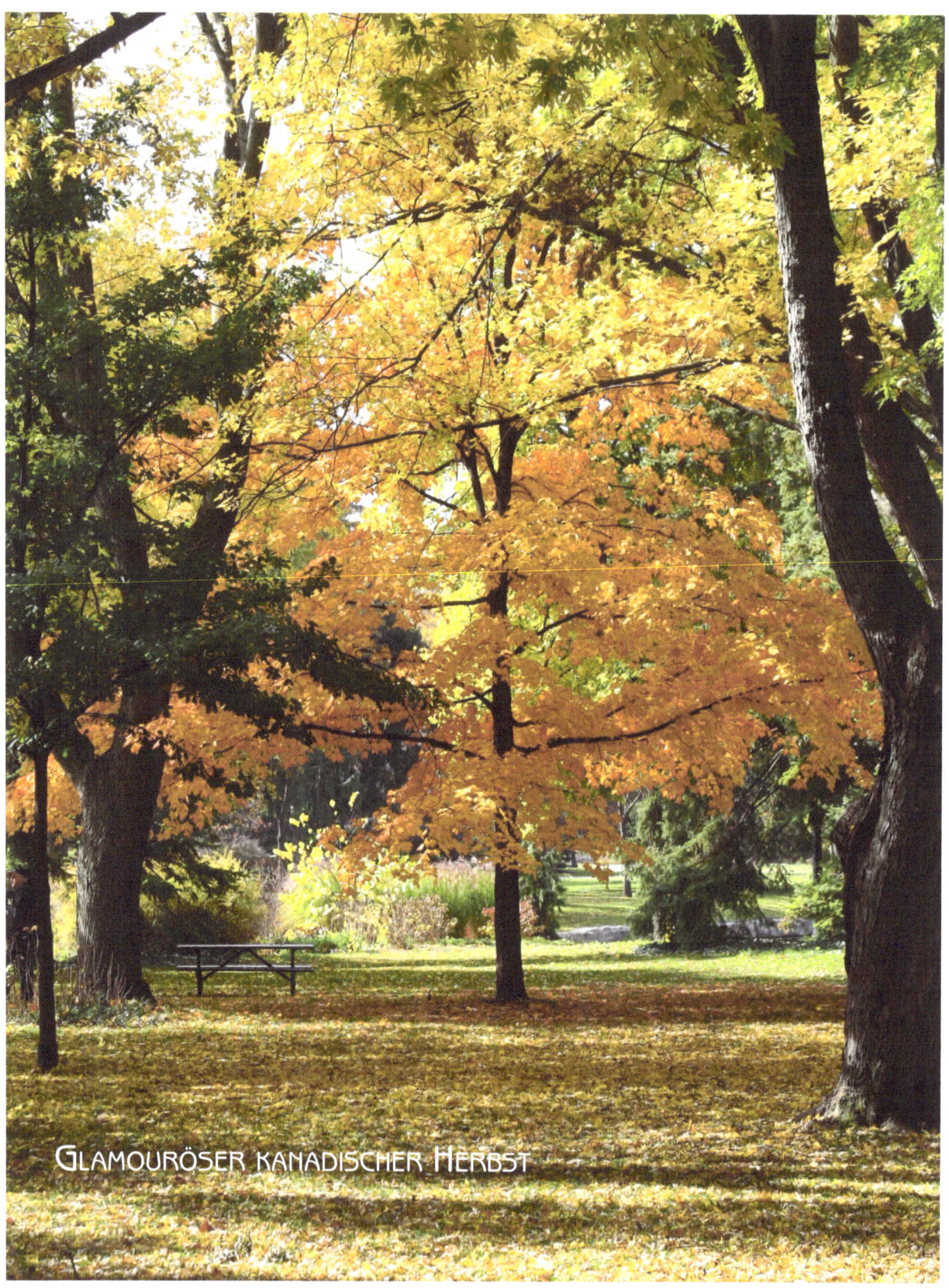

GLAMOURÖSER KANADISCHER HERBST

Die Kunst der Natur

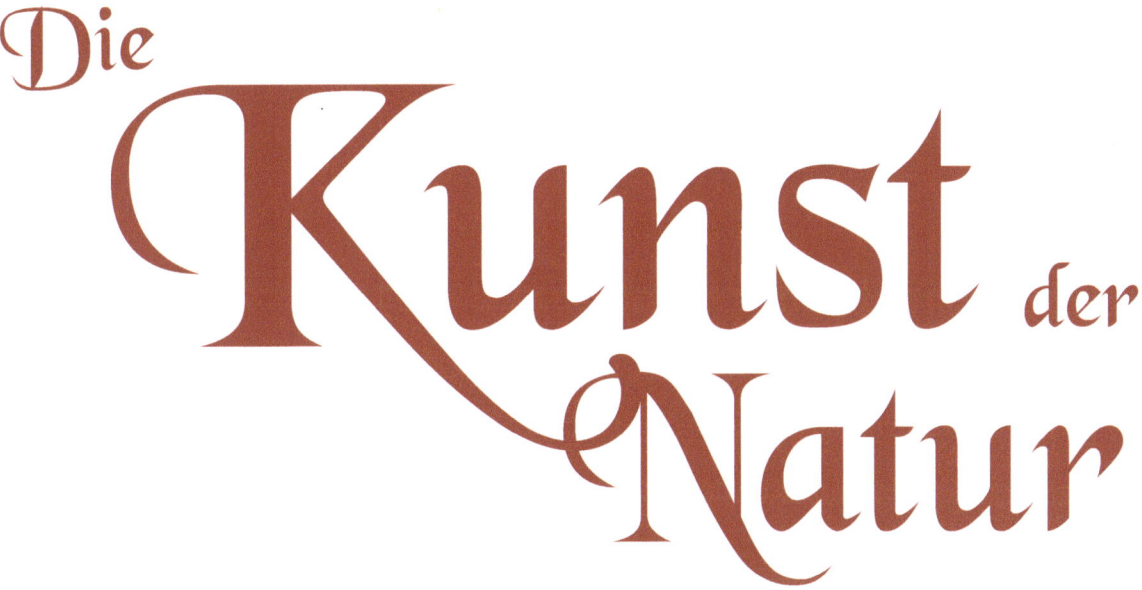

FOTOGRAFIE

KLAUS D. EMRICH

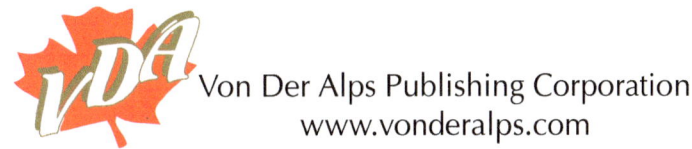

Von Der Alps Publishing Corporation
www.vonderalps.com

Die Kunst der Natur

Autor/Fotograf
Klaus D. Emrich

Erste Original veröffentlicht Februar 2014 in Englisch.
Original Title: The Art of Nature.
ISBN 978-0-9782302-8-9

Deutsche Übersetzung Klaus D. Emrich, veröffentlicht Januar 2015
Von Der Alps Publishing Corporation, Kanada.

Kanadian Katalogisierung der Veröffentlichung Daten
ISBN 978-0-9936867-3-3

Gedruckt in den USA

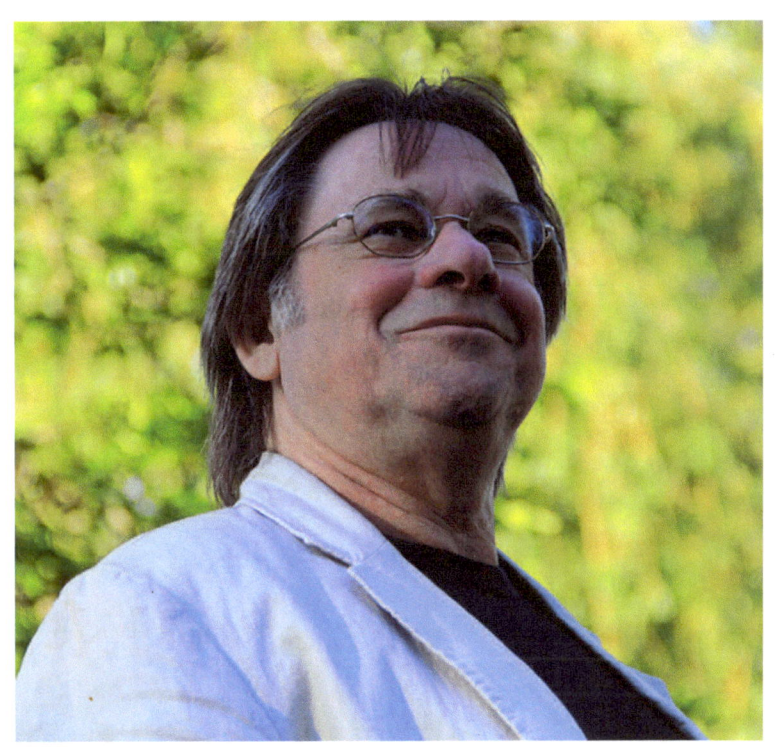

KLAUS D. EMRICH

DIESES BUCH IST MEINER FRAU MARY EMRICH GEWIDMET
(BEKANNT UNTER DEM NAMEN ELYSSE POETIS - PREIS WINNENDE AUTORIN/DICHTERIN/
FOTOGRAFIN BEI AMAZON).
AUFGRUND IHRER LIEBE UND INSPIRATION WAR DIESES BUCH MÖGLICH.

Die Kunst der Natur

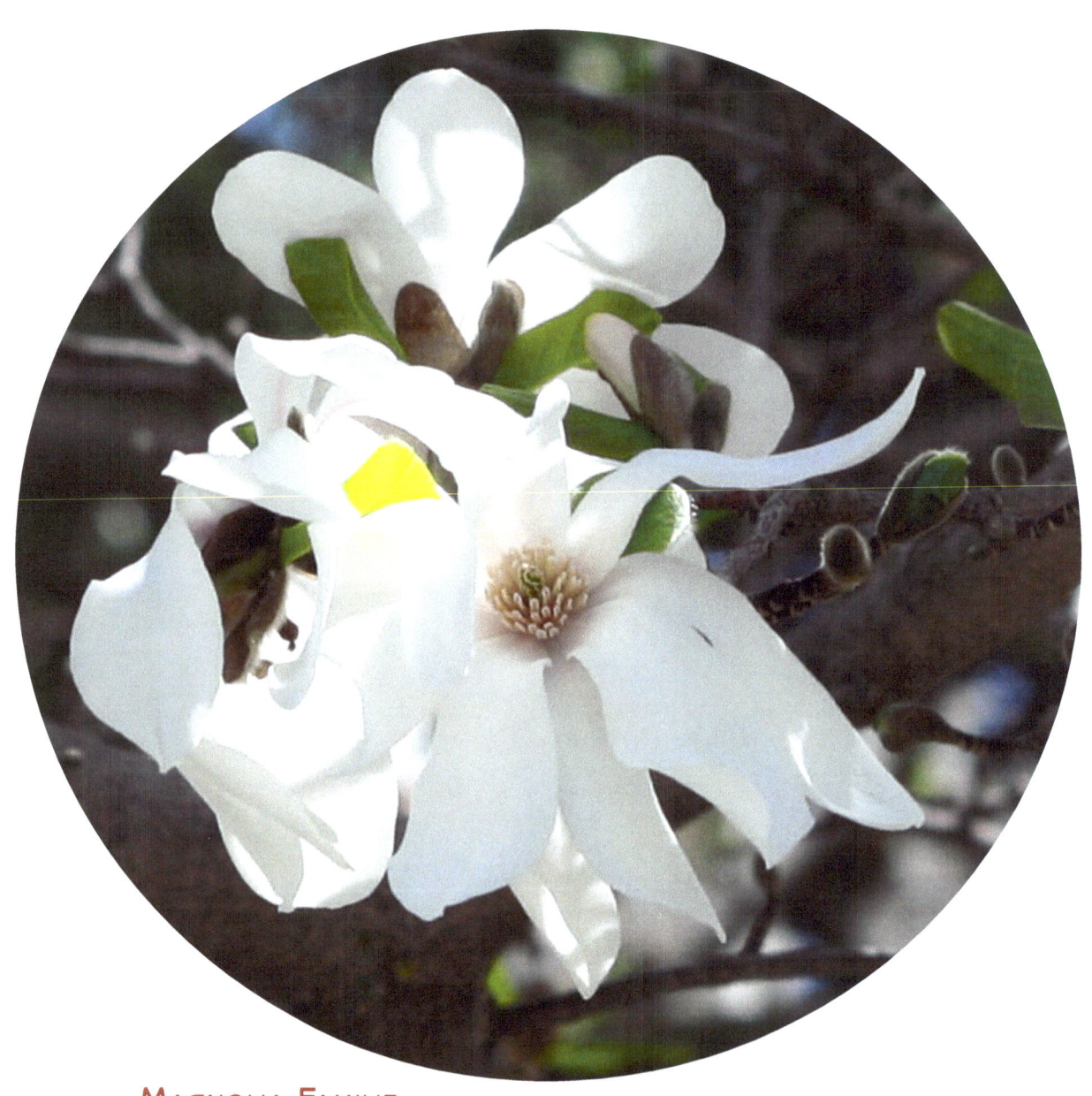

MAGNOLIA FAMILIE

Die Kunst der Natur

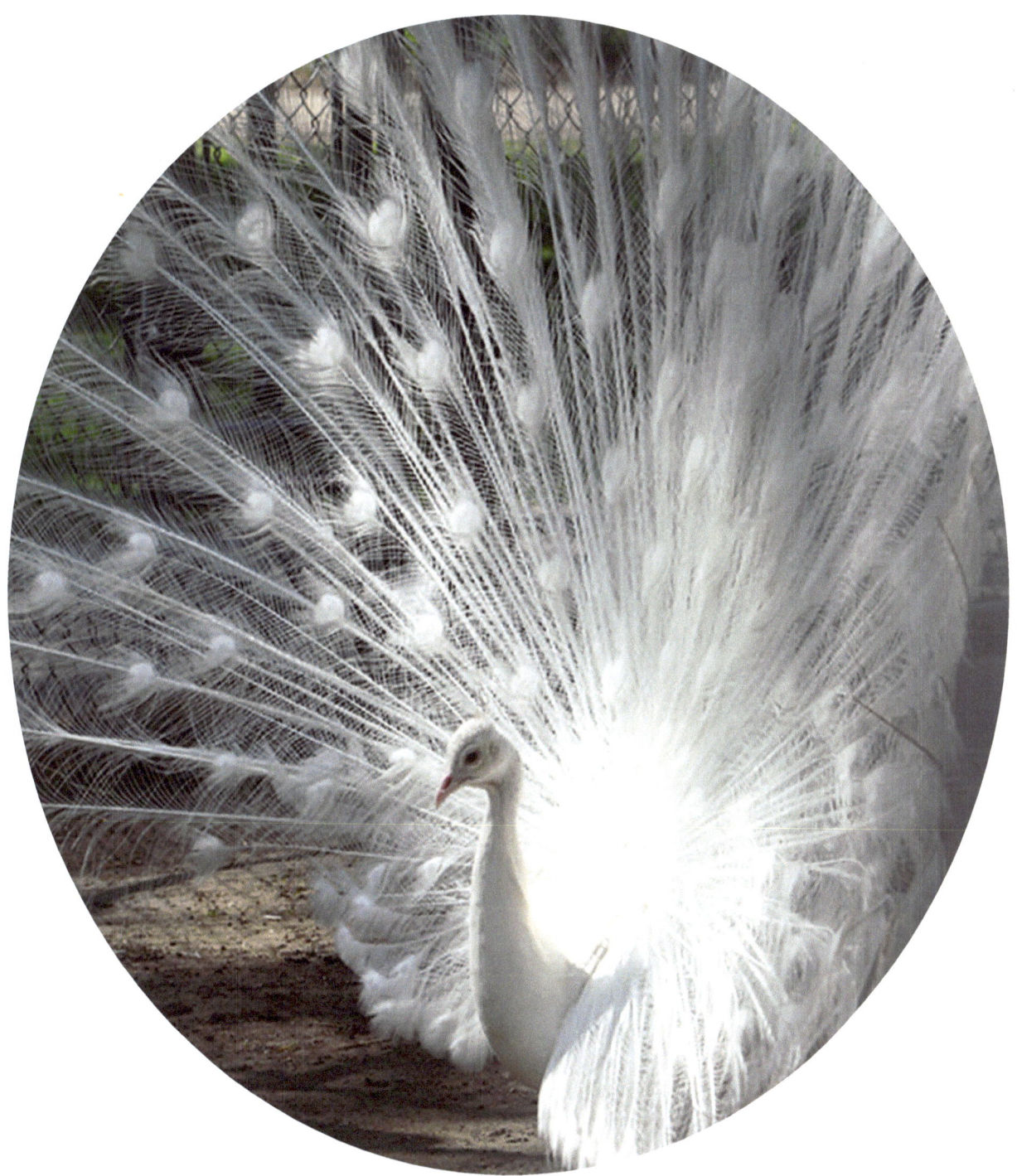

AUF DER SUCHE NACH SCHÖNHEIT?
SUCHEN SIE NICHT WEITER

Die Kunst der Natur

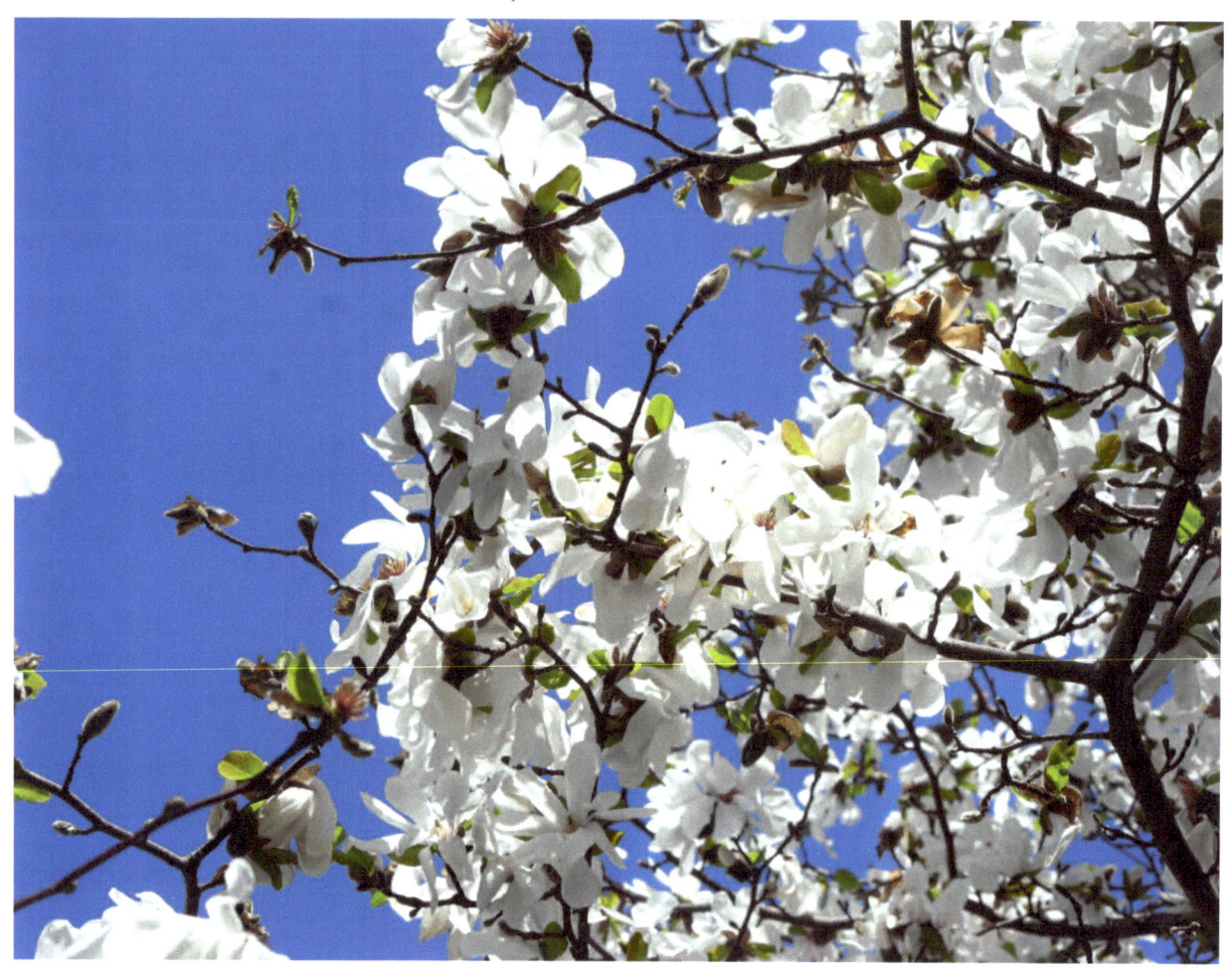

DEN FRIEDEN FINDEN SIE EINFACH, DURCH
EINEN BLICK AUF DEN BLÜHENDEN BAUM

Die Kunst der Natur

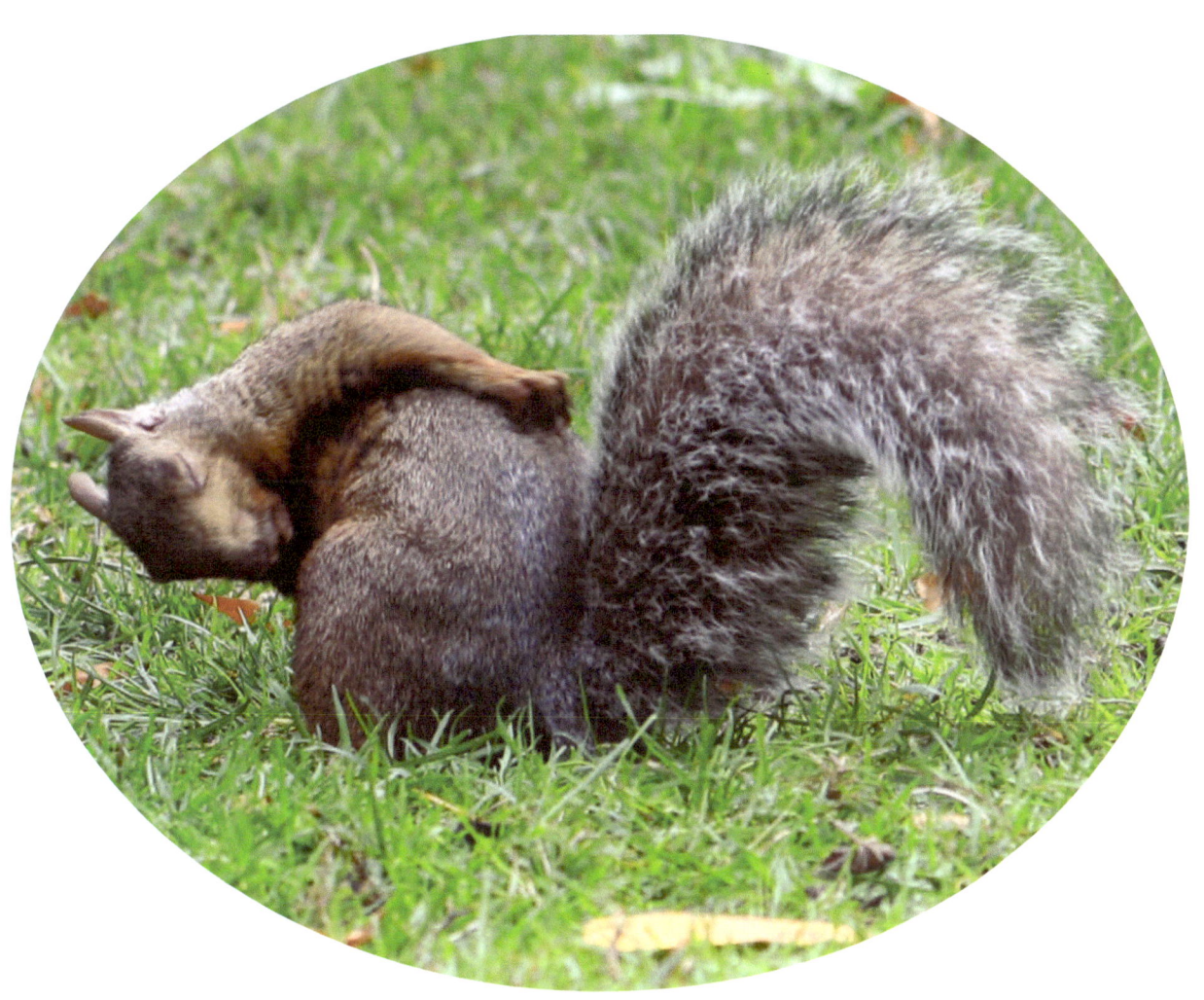

Oh, ein Jucken habe Ich heute

Die Kunst der Natur

ICH BIN DER GROSSE MANN HIER

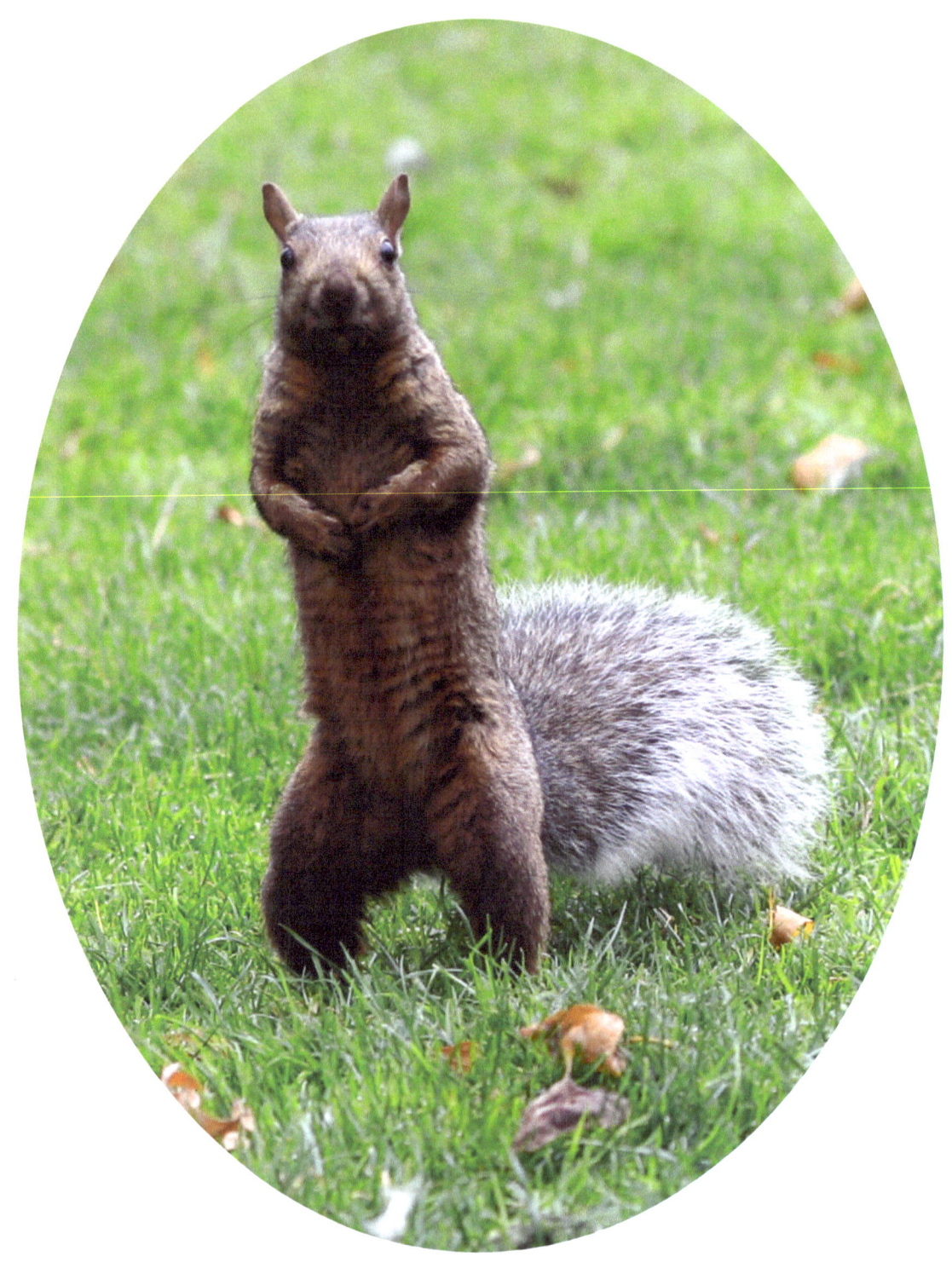

Die Kunst der Natur

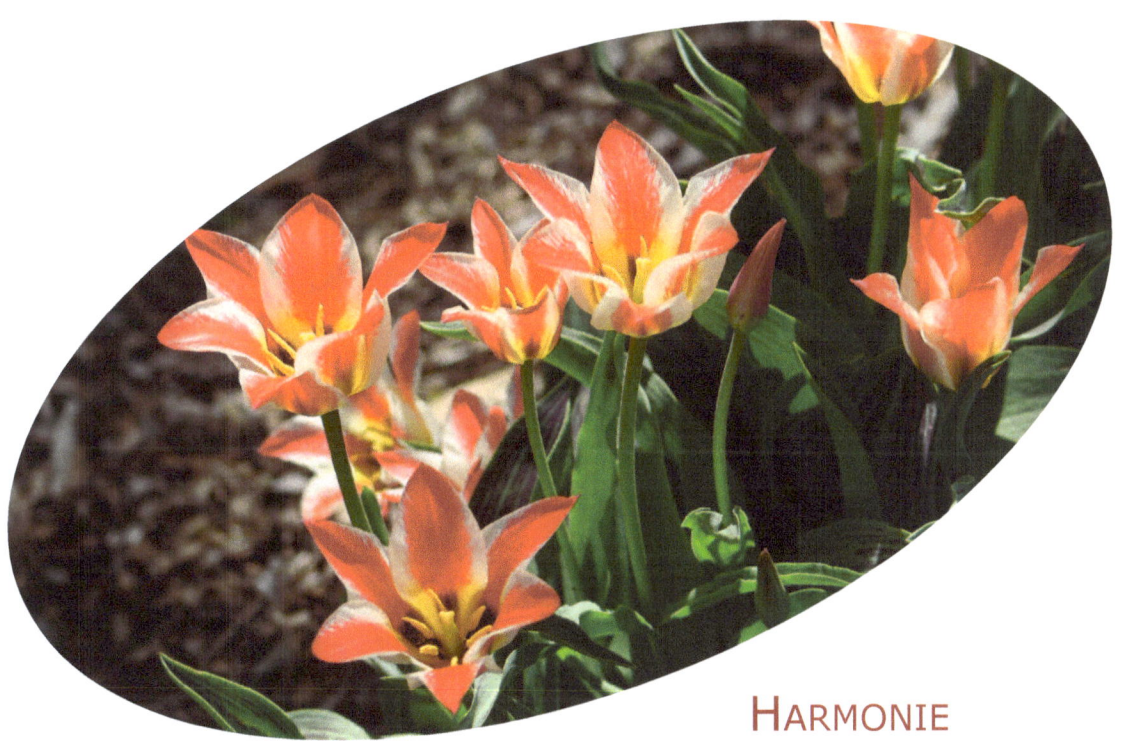

HARMONIE

Die Kunst der Natur

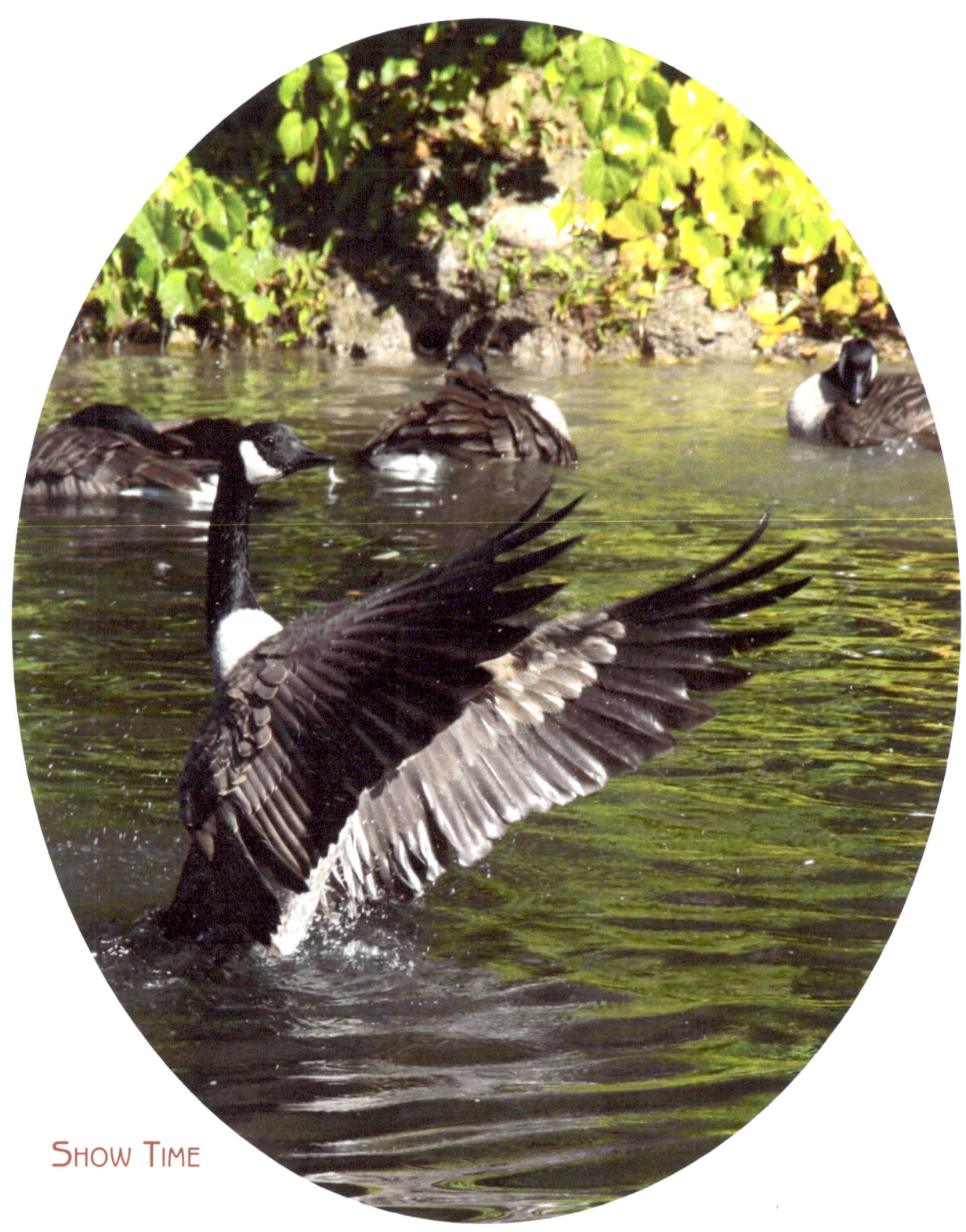

SHOW TIME

Die Kunst der Natur

ICH BIN AUF DER SUCHE NACH
EINEM NEUEN HEIM

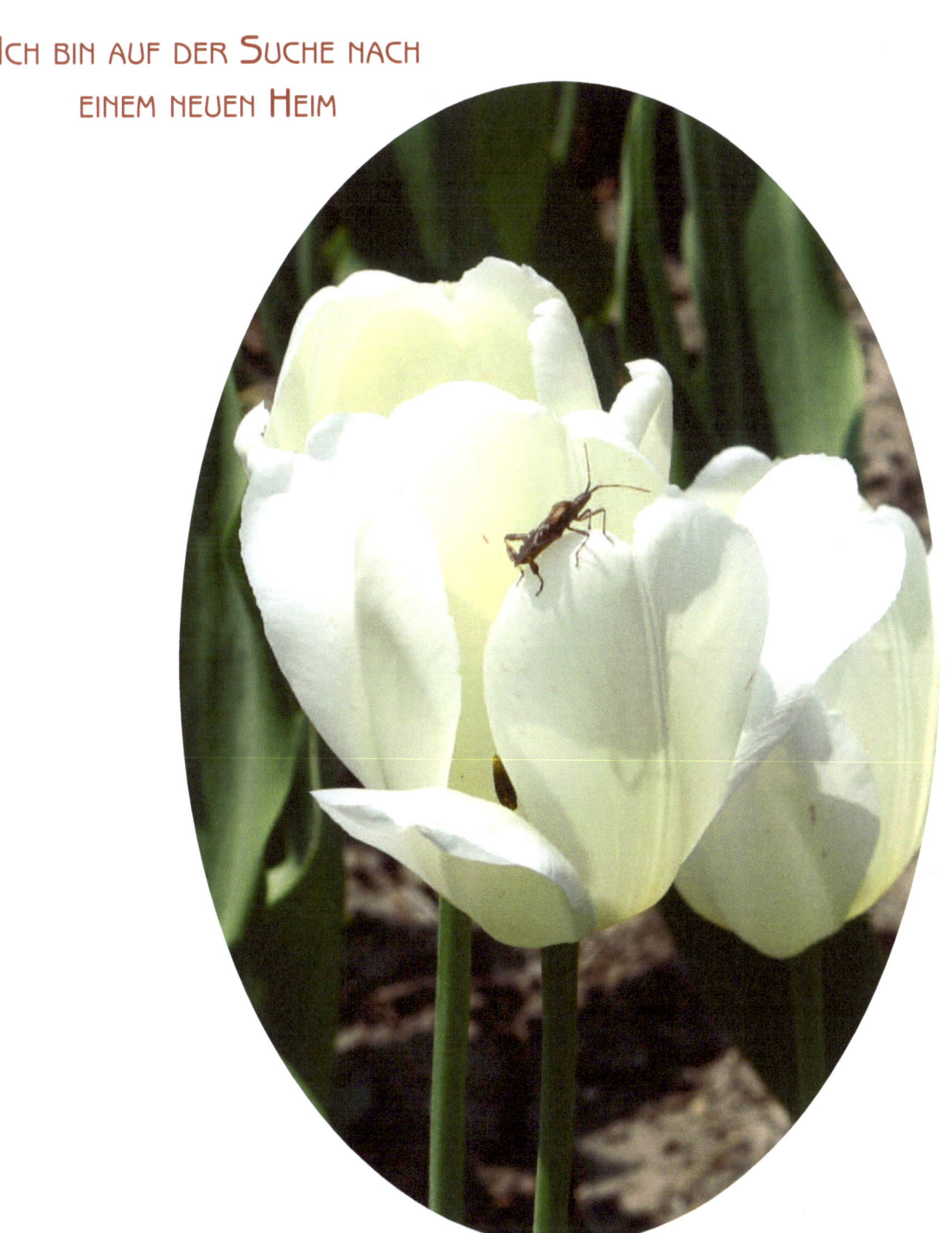

Die Kunst der Natur

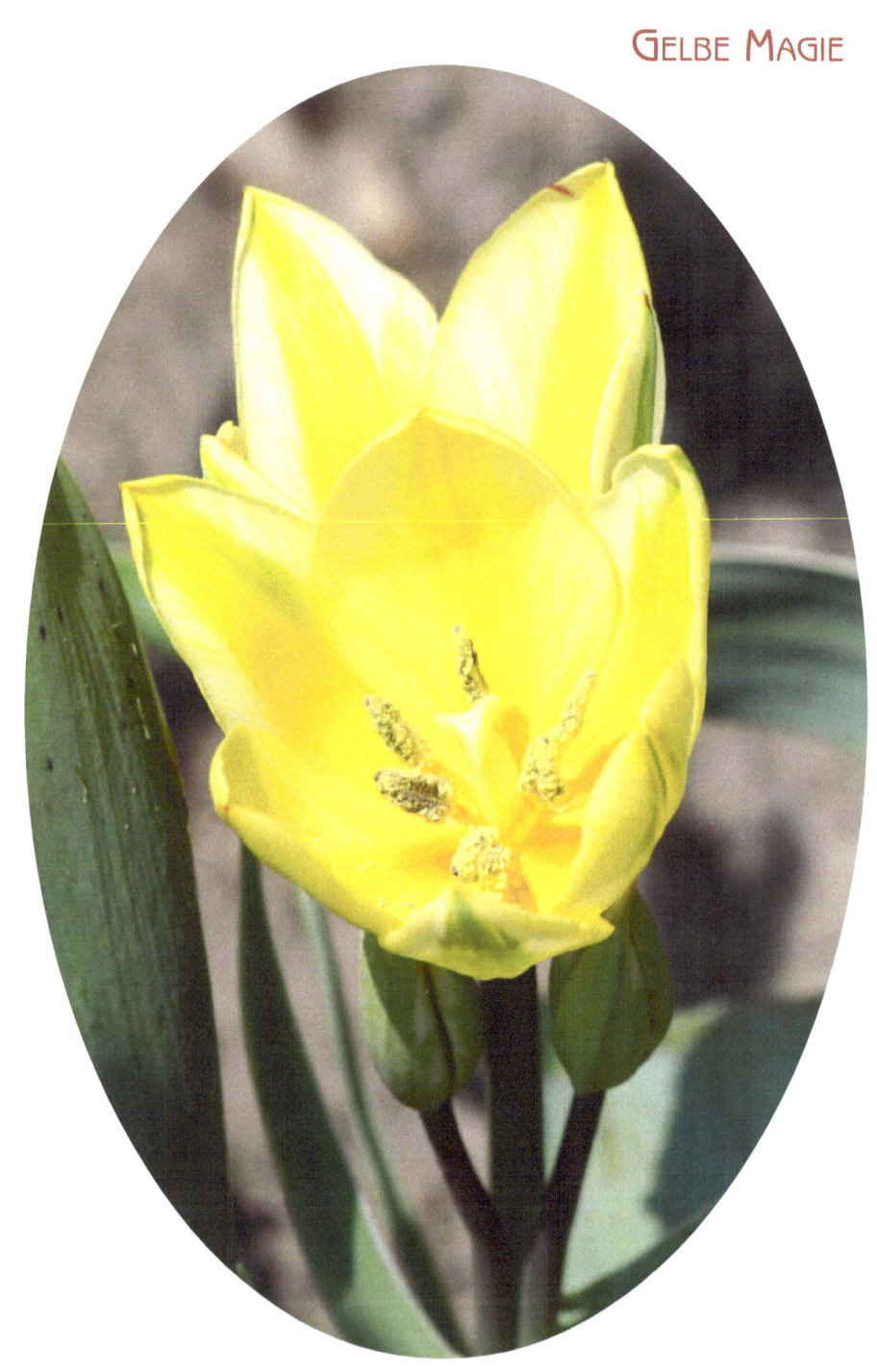

Die Kunst der Natur

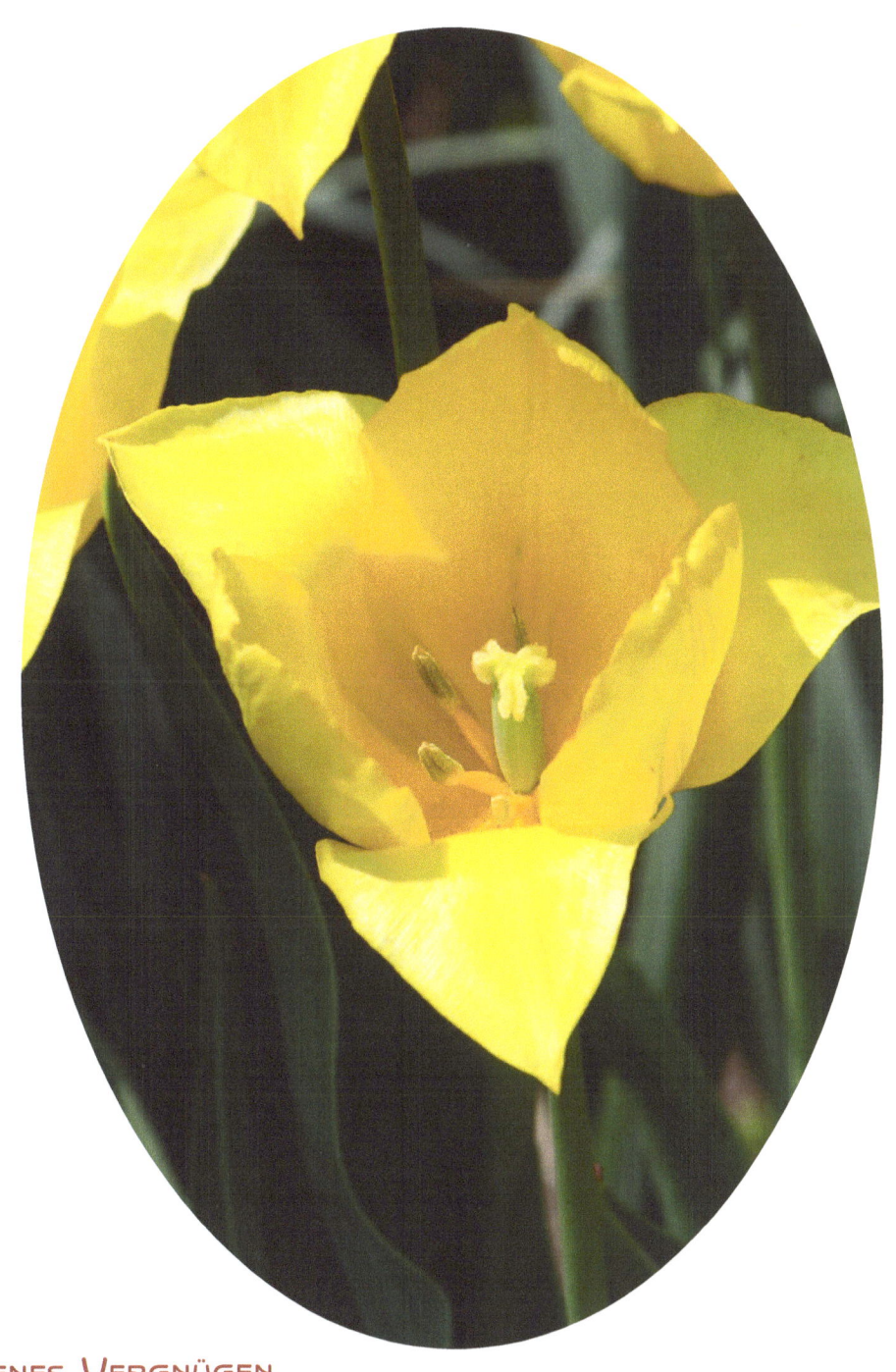

GOLDENES VERGNÜGEN

Die Kunst der Natur

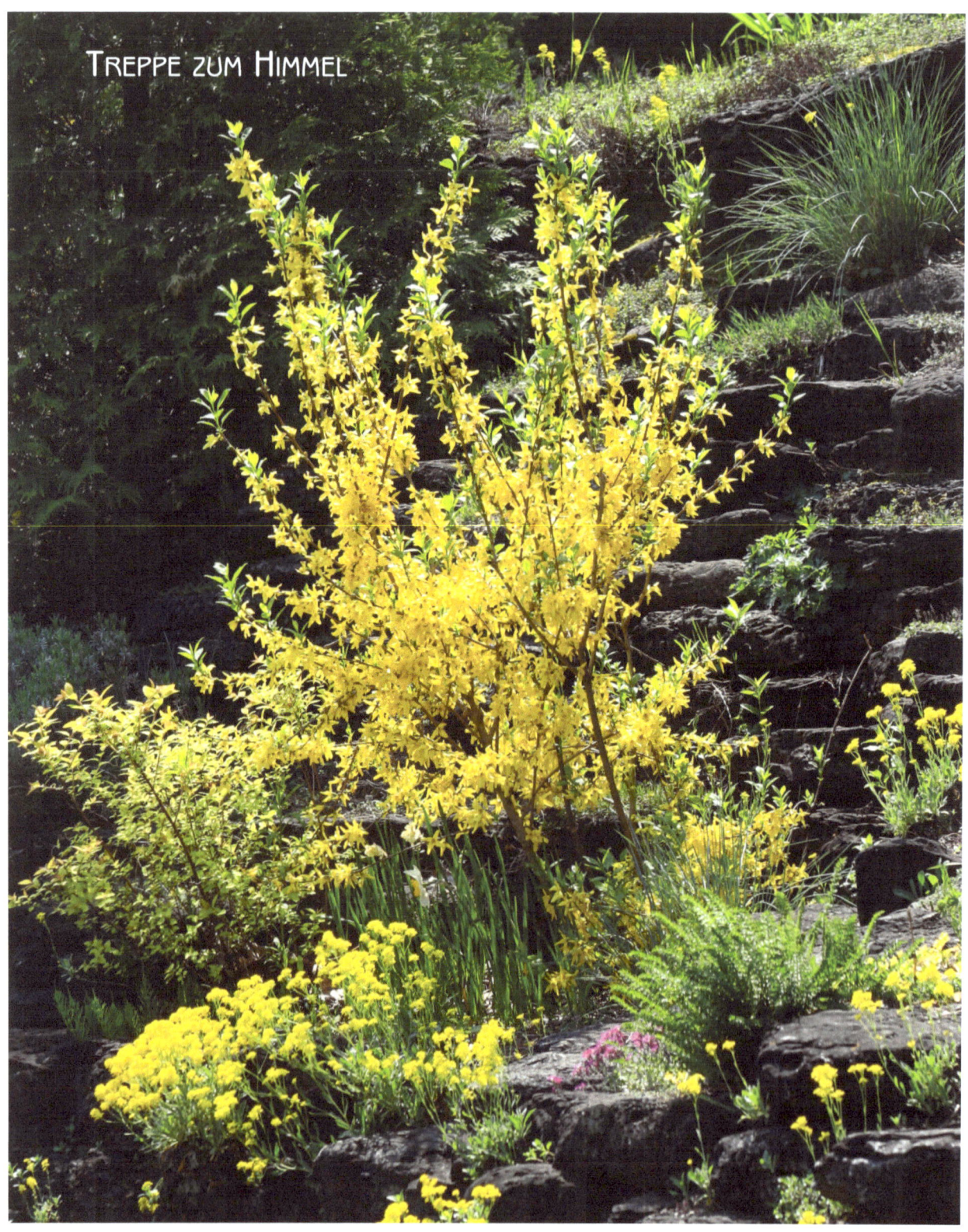

TREPPE ZUM HIMMEL

Die Kunst der Natur

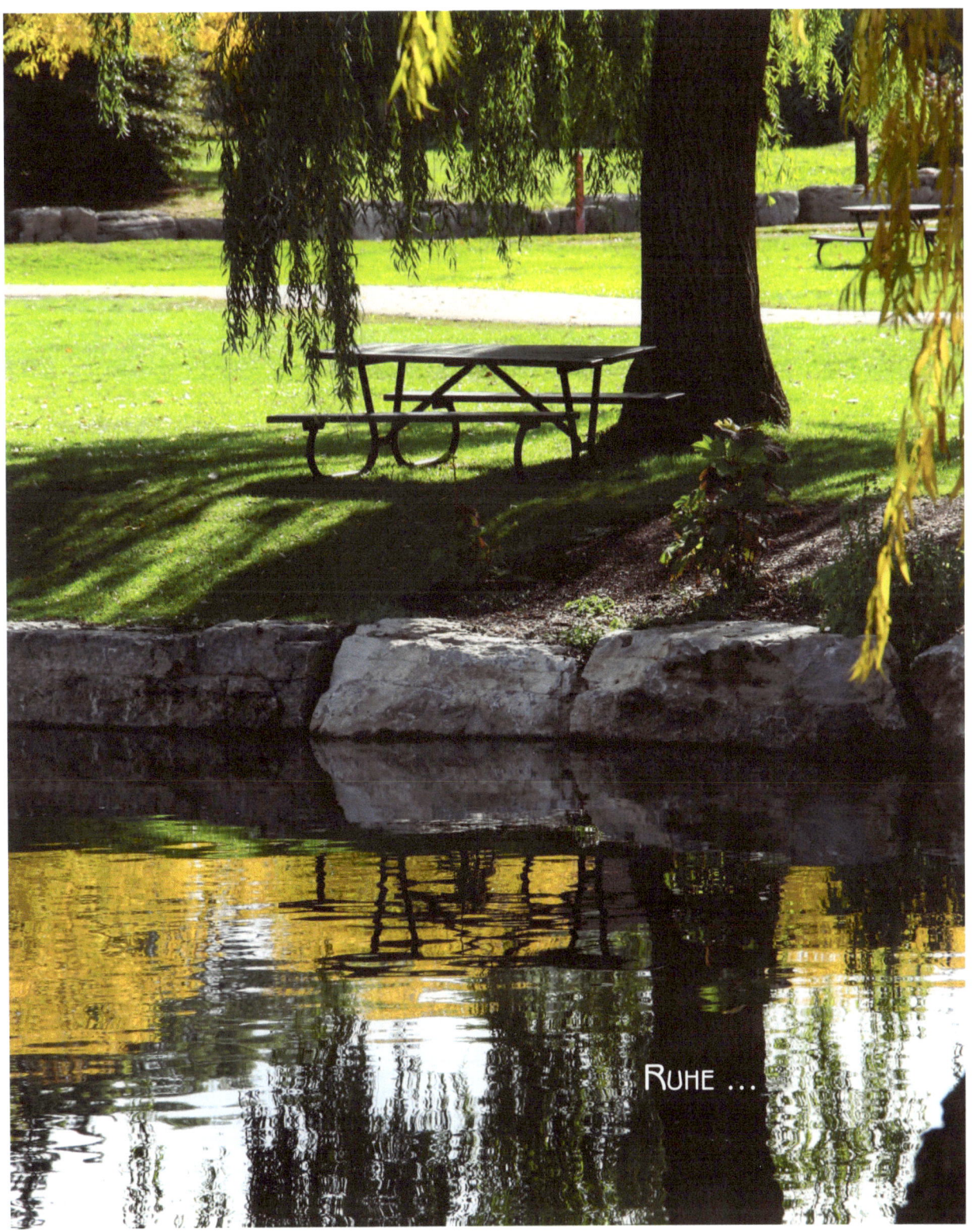

RUHE ...

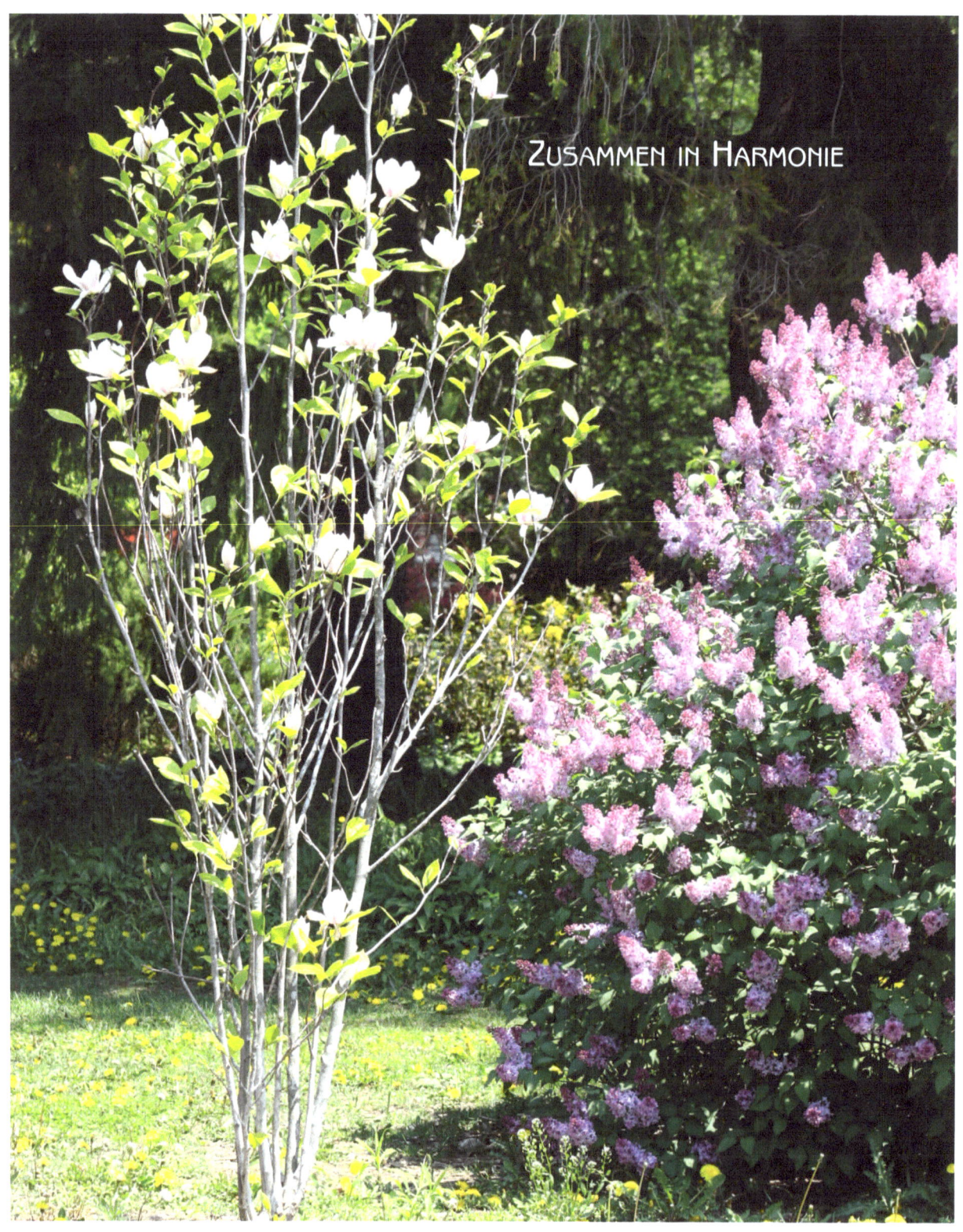

ZUSAMMEN IN HARMONIE

Die Kunst der Natur

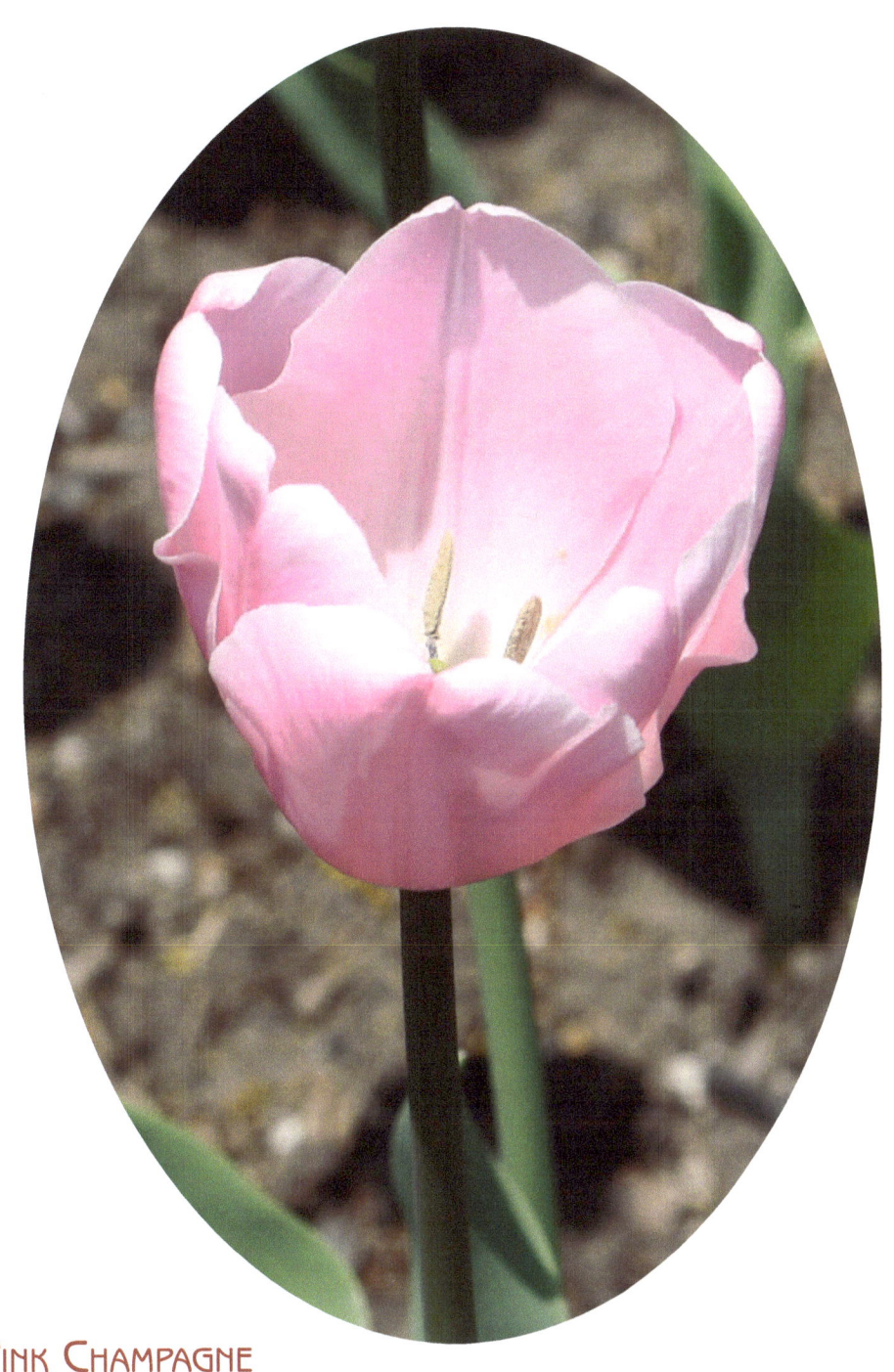

PINK CHAMPAGNE

Die Kunst der Natur

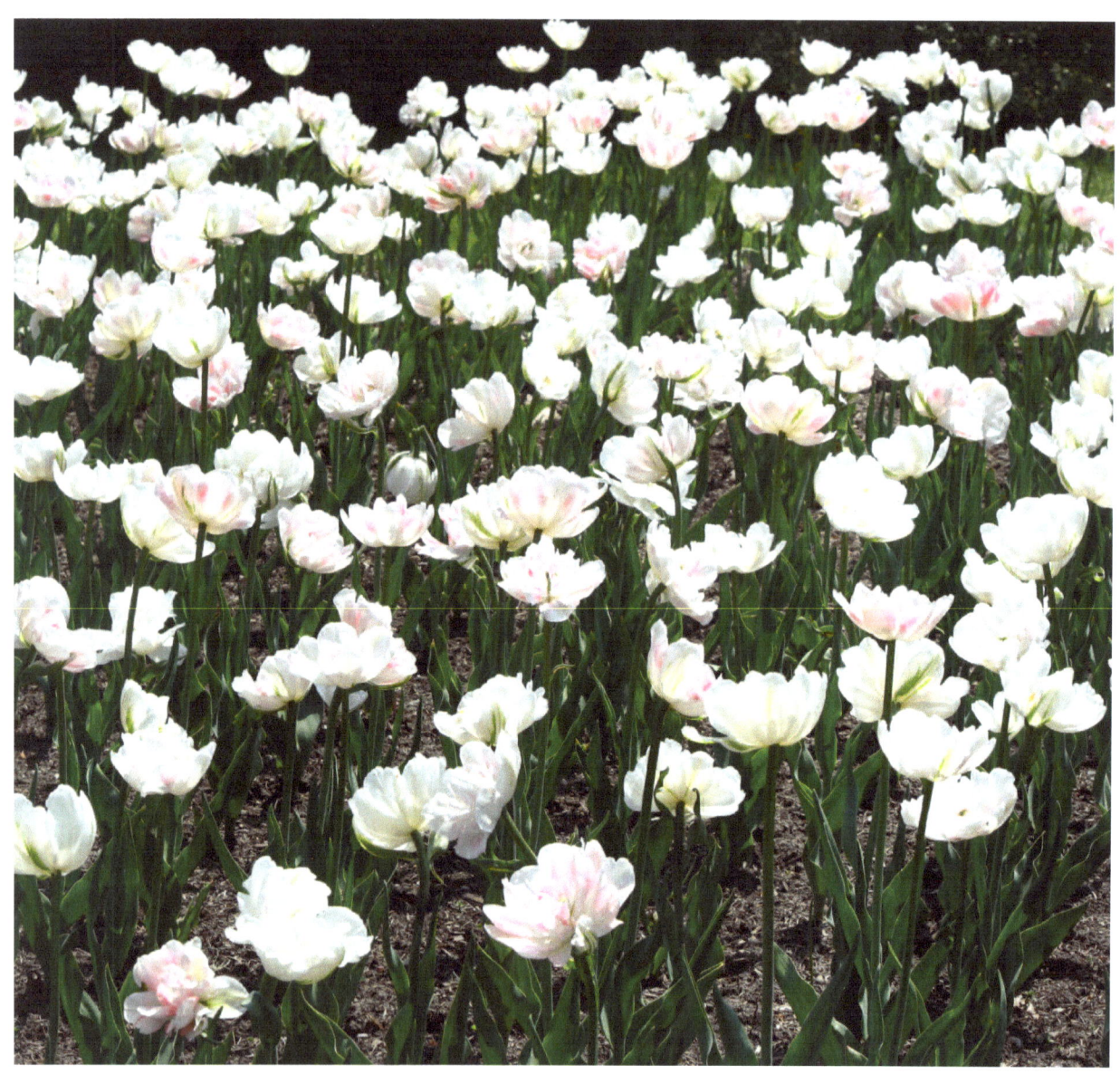

FELD DER TRÄUME

Die Kunst der Natur

ICH BIN DER
VORSTEHER

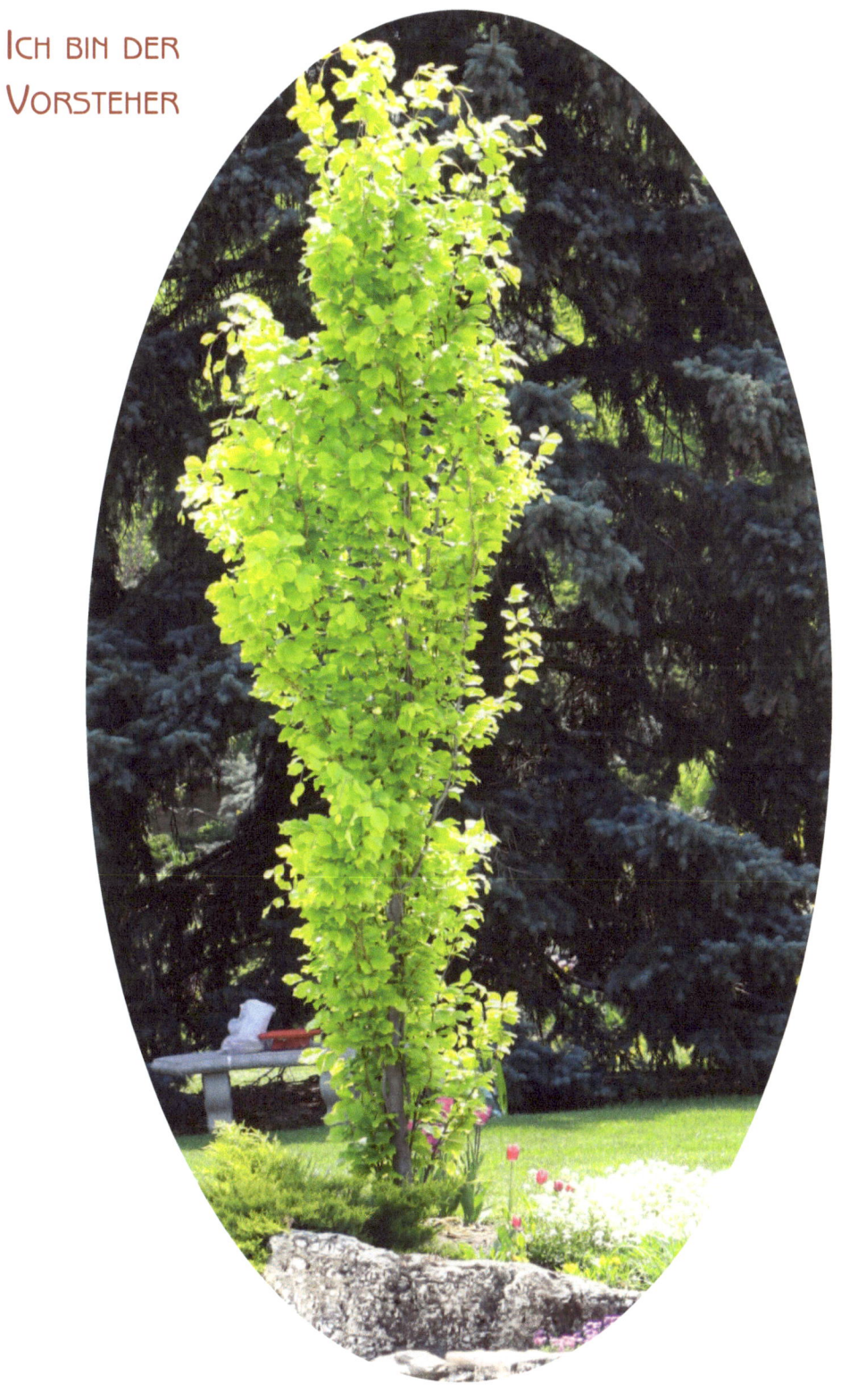

Die Kunst der Natur

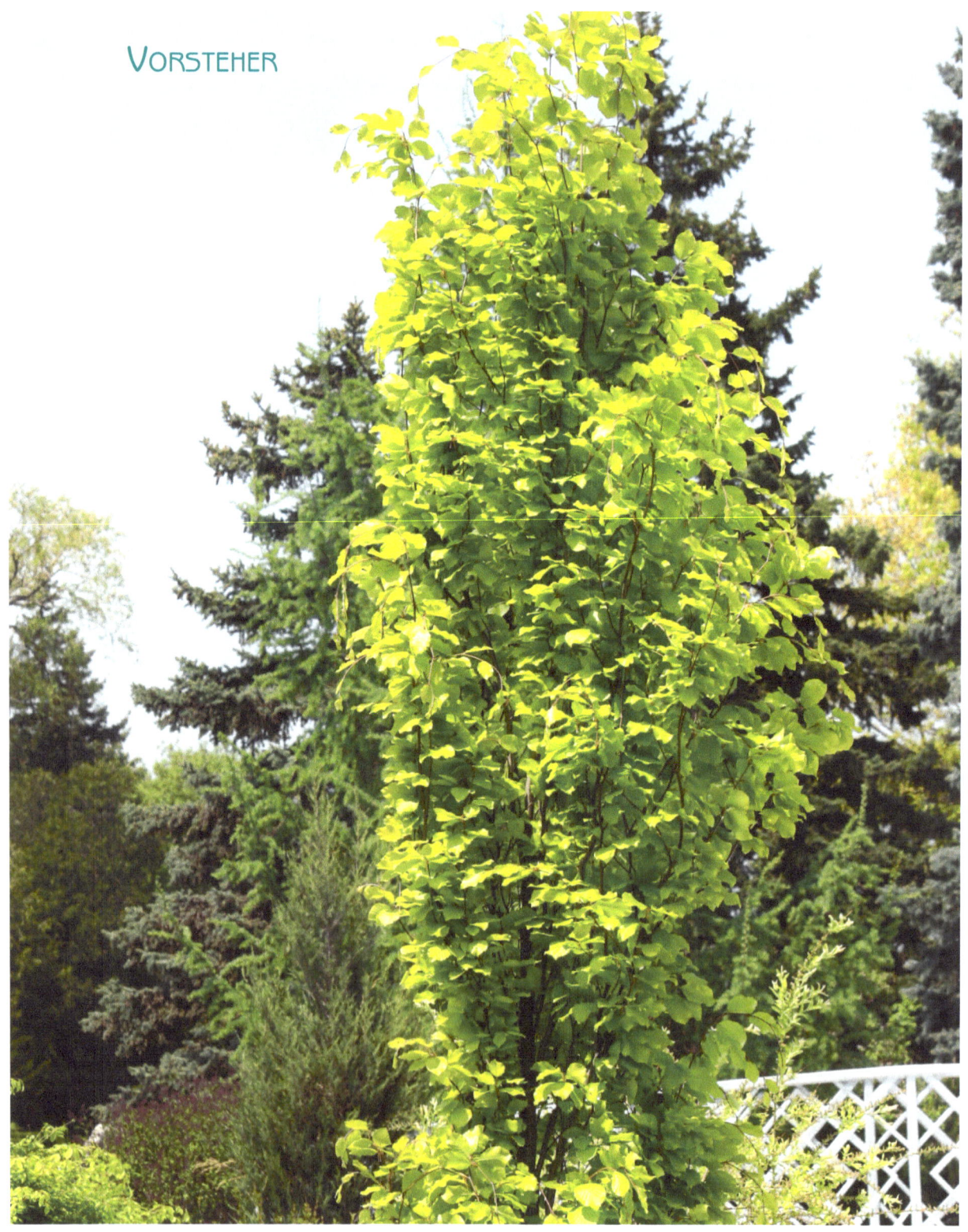

Die Kunst der Natur

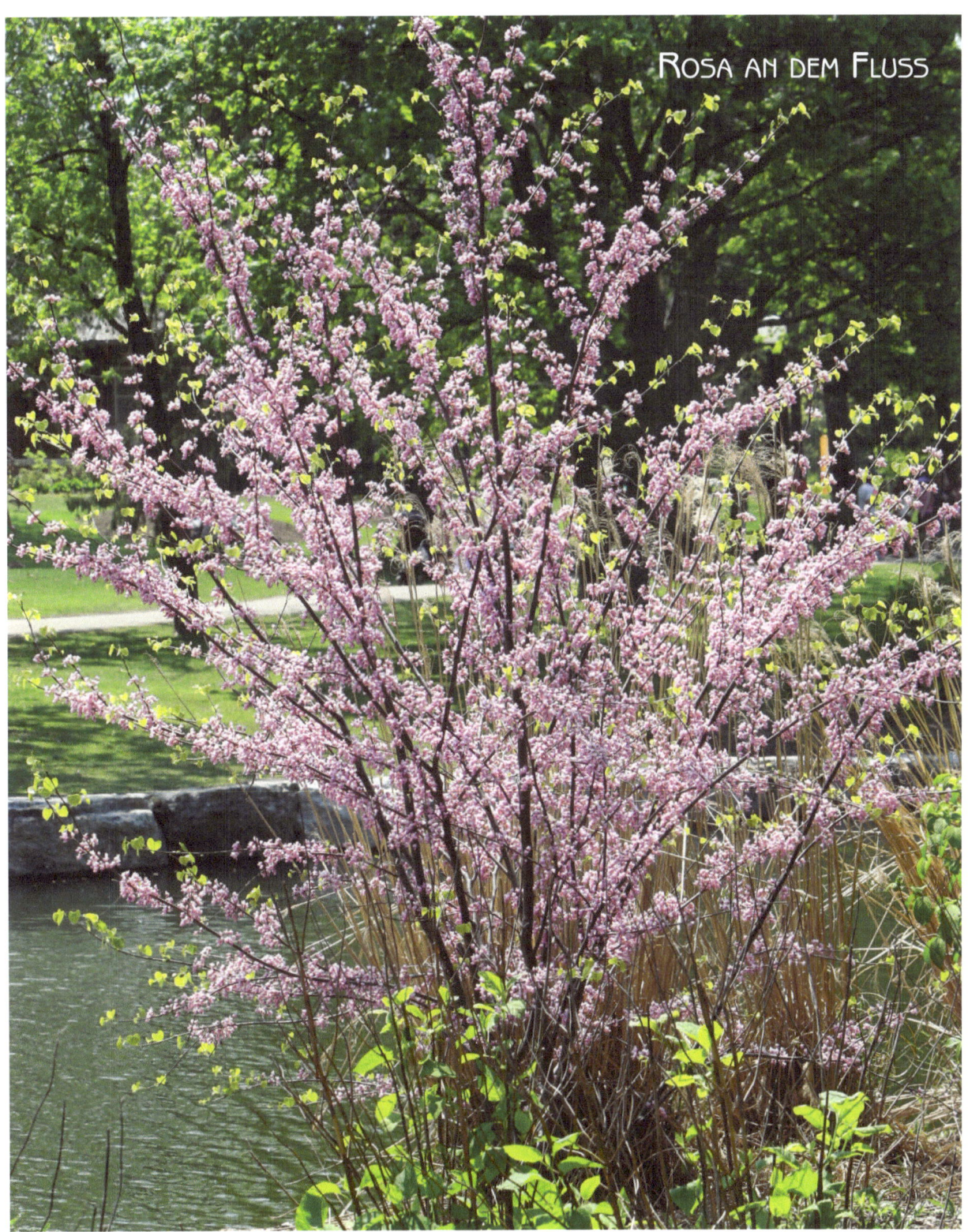

ROSA AN DEM FLUSS

Die Kunst der Natur

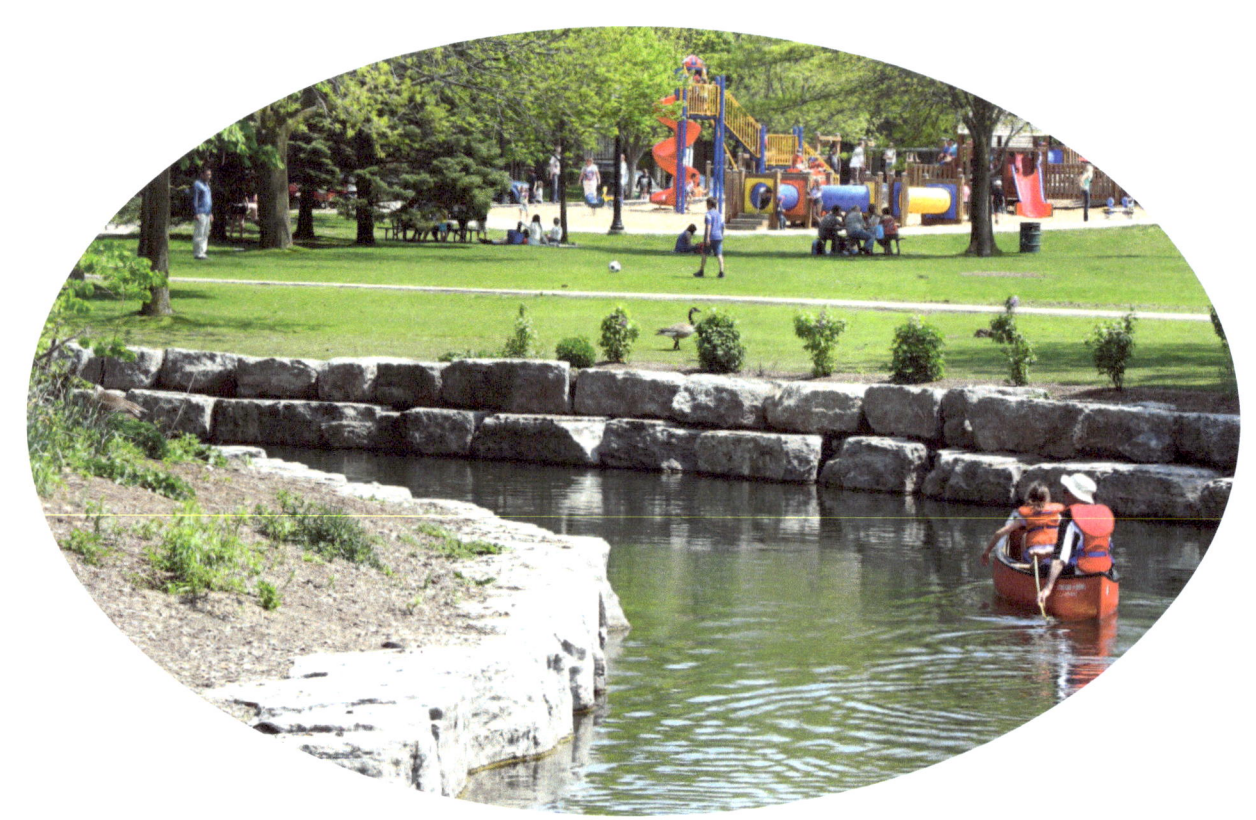

FAMILIEN-SPASS IM PARK

Die Kunst der Natur

SCHAUT MAL HER! ICH KANN MEINE FLÜGEL FLATTERN

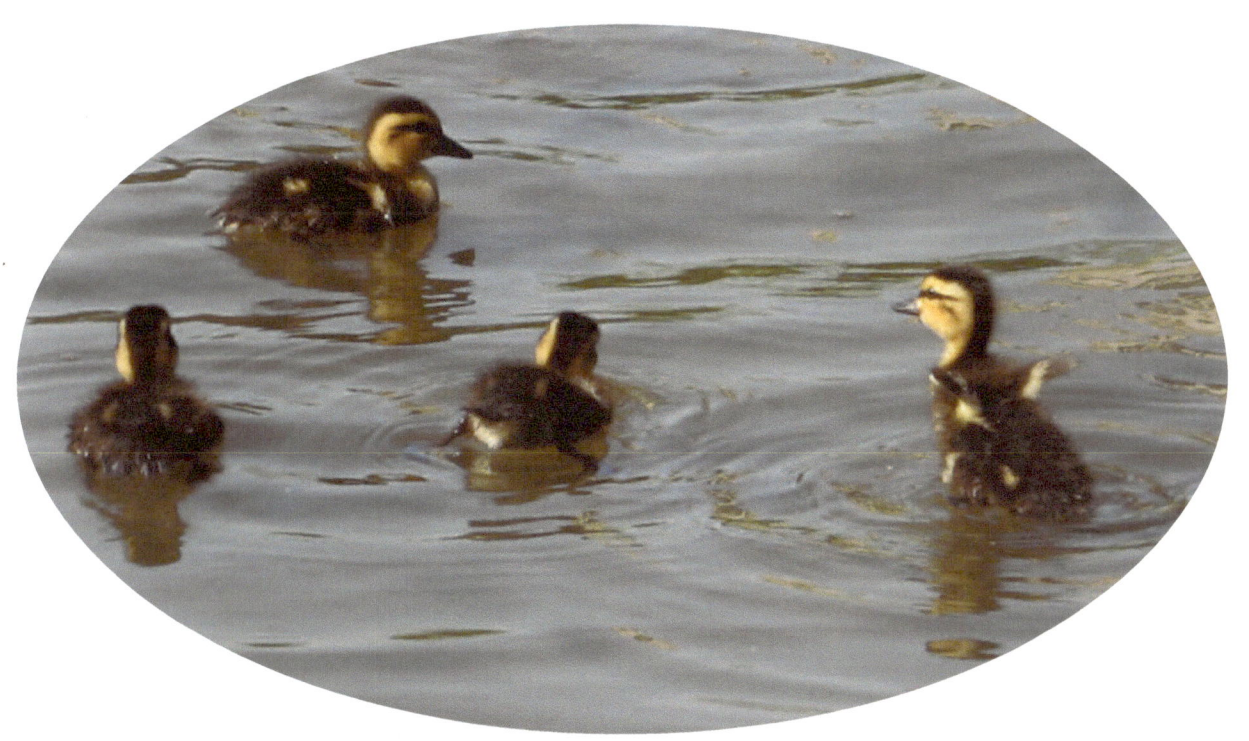

Die Kunst der Natur

ICH HABE EIN AUGE AN JEDEM

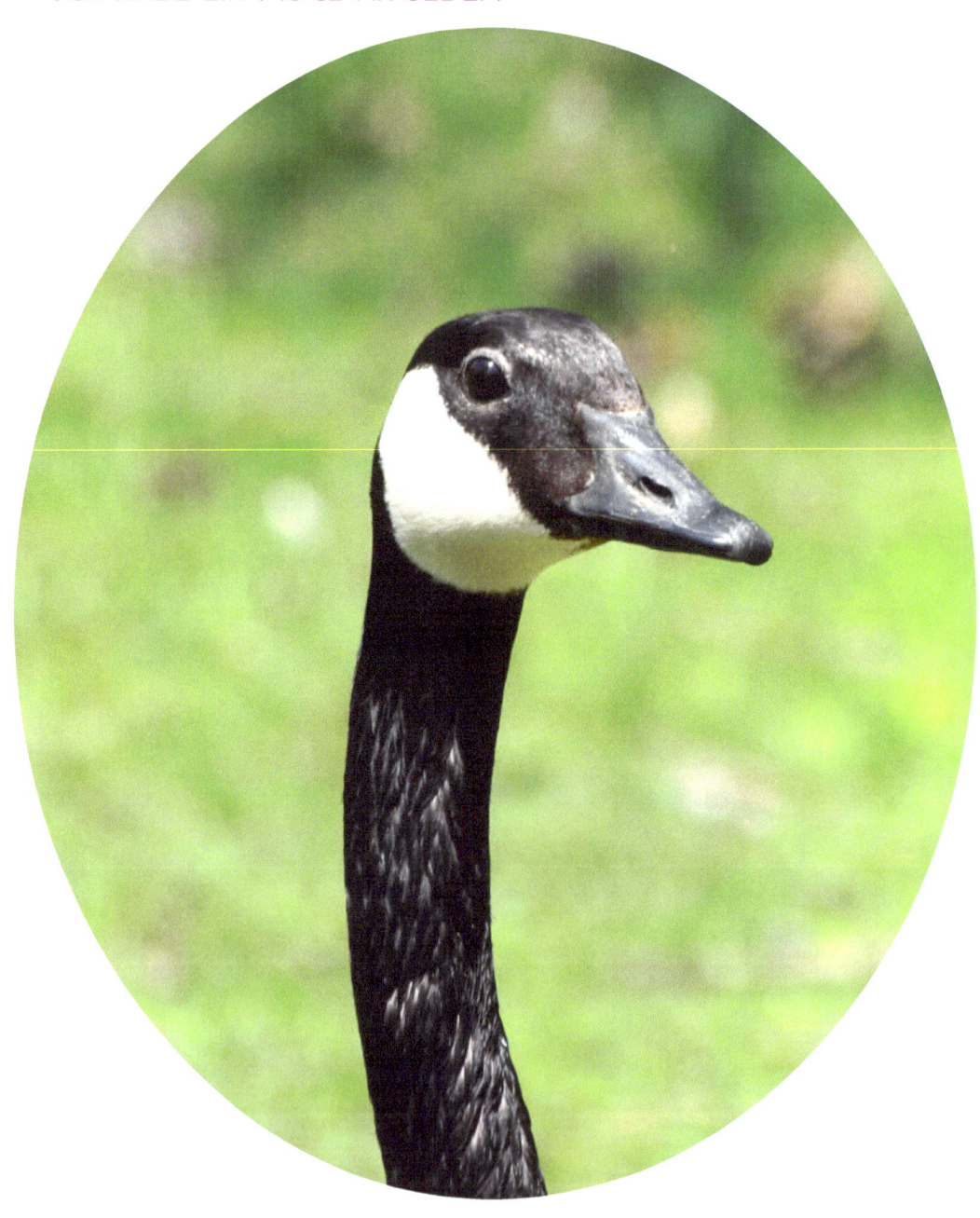

Die Kunst der Natur

BLUMEN SIND DIE FREUDE DER MENSCHHEIT

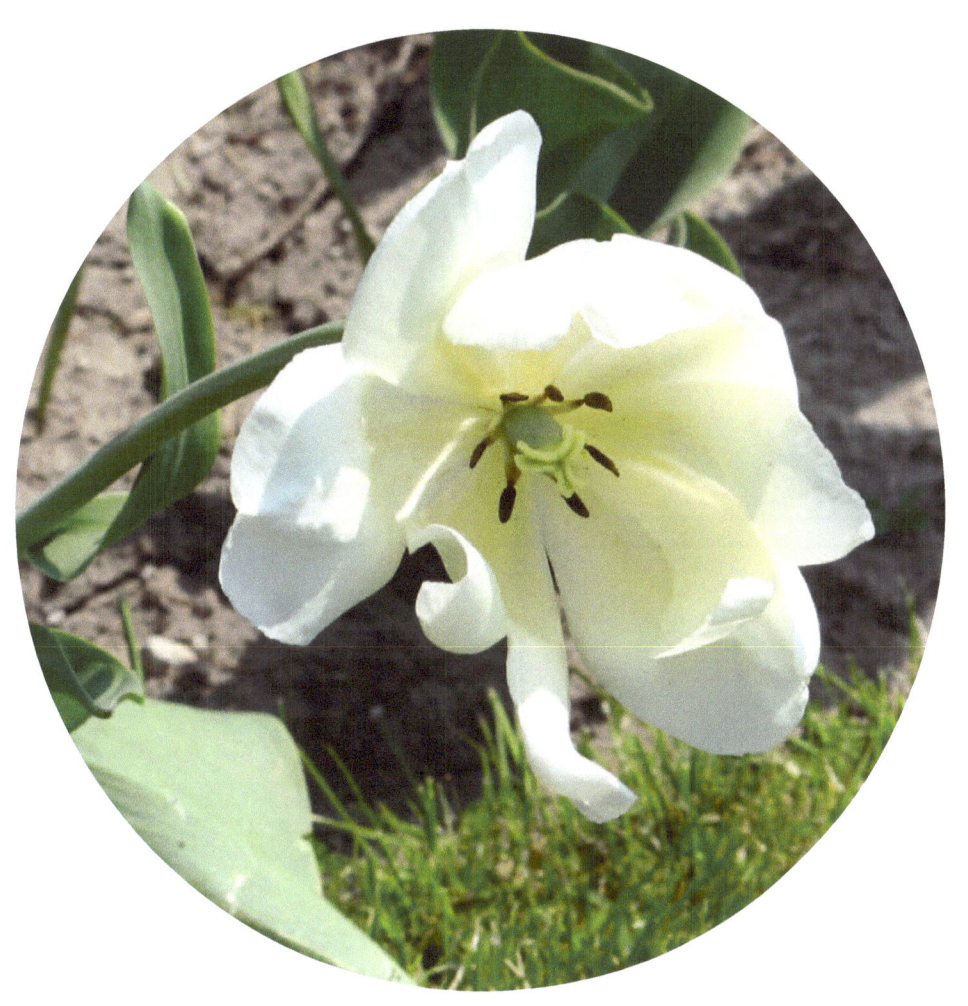

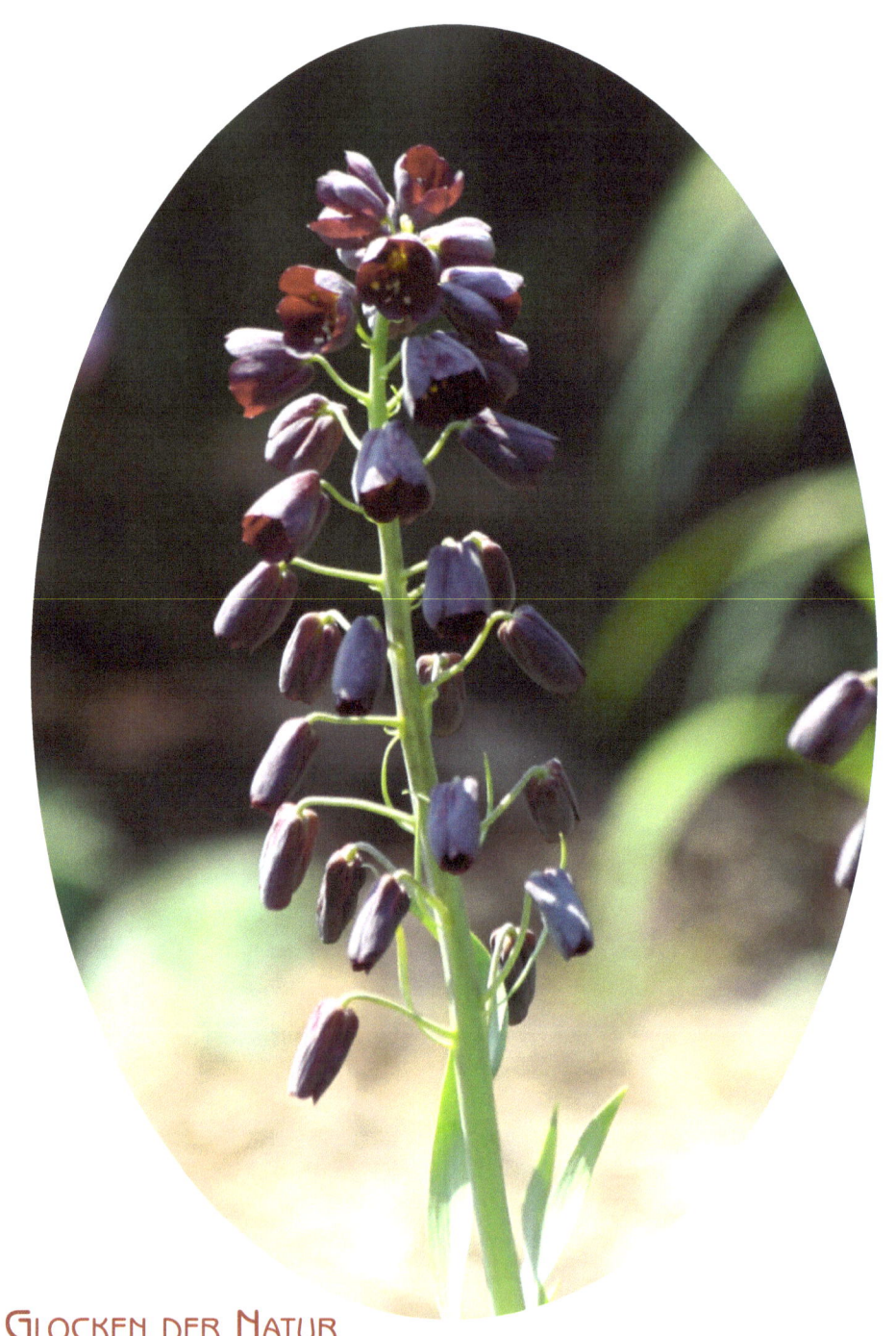

DIE GLOCKEN DER NATUR

Die Kunst der Natur

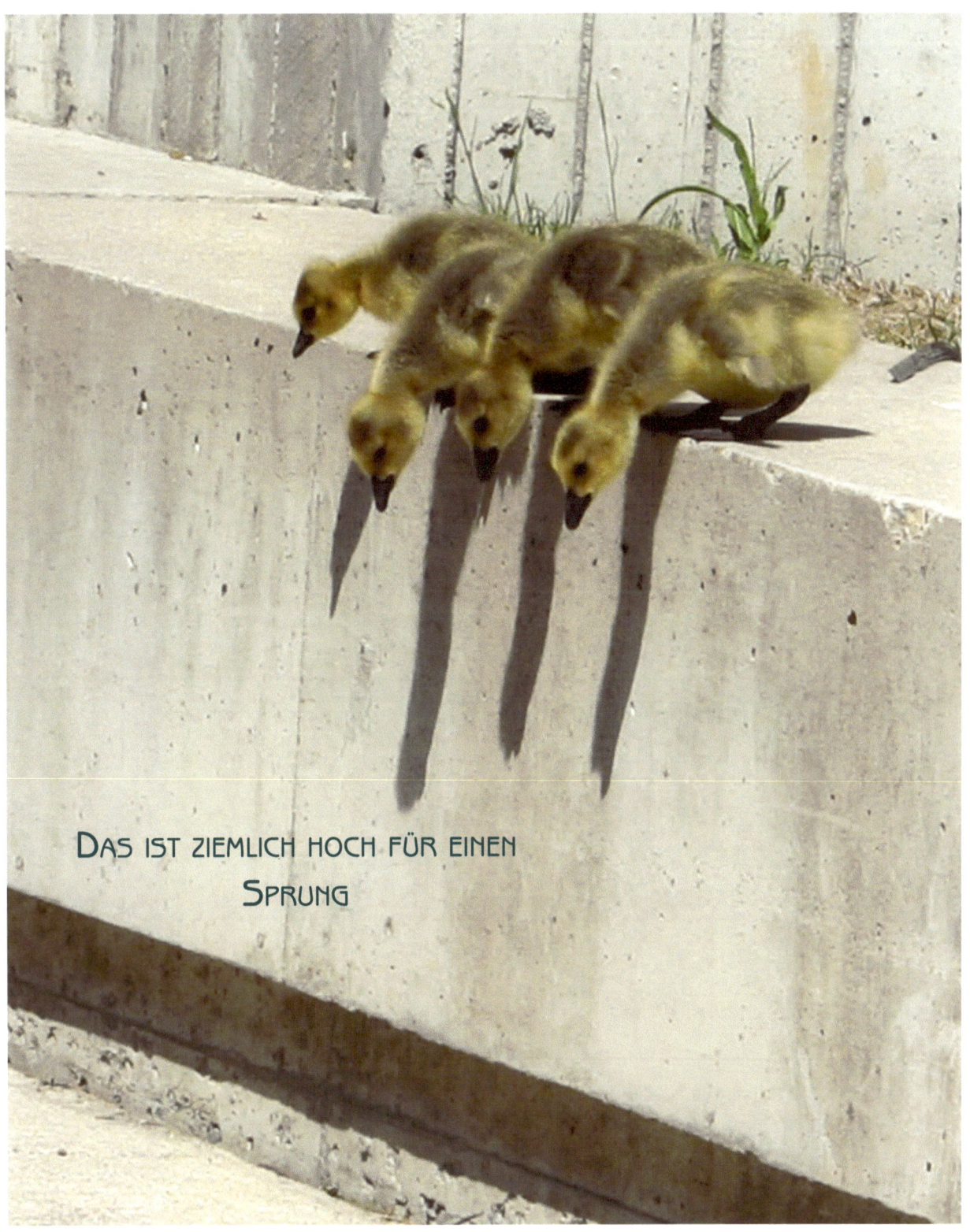

DAS IST ZIEMLICH HOCH FÜR EINEN SPRUNG

Die Kunst der Natur

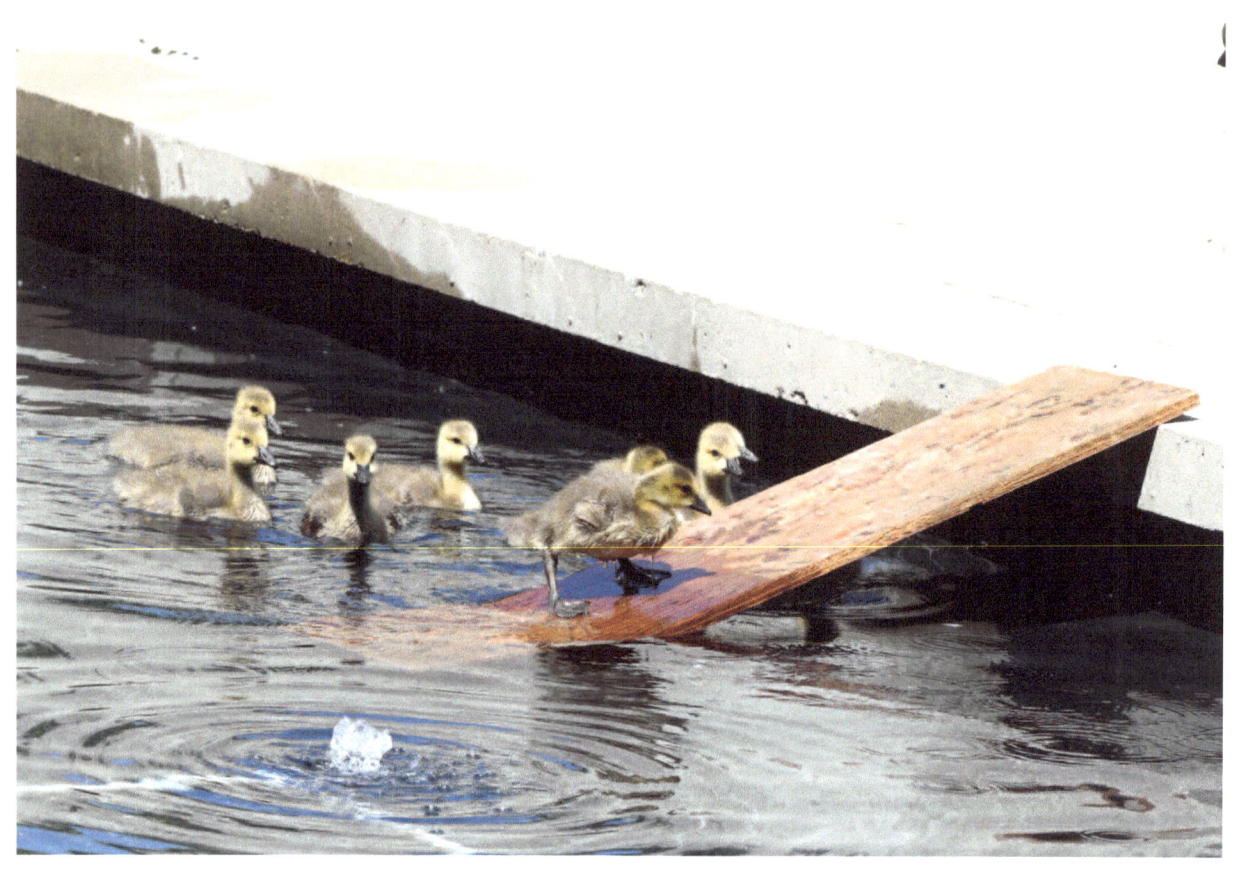

HURRA! ICH HABE EINEN WEG NACH
DRAUSSEN GEFUNDEN

Die Kunst der Natur

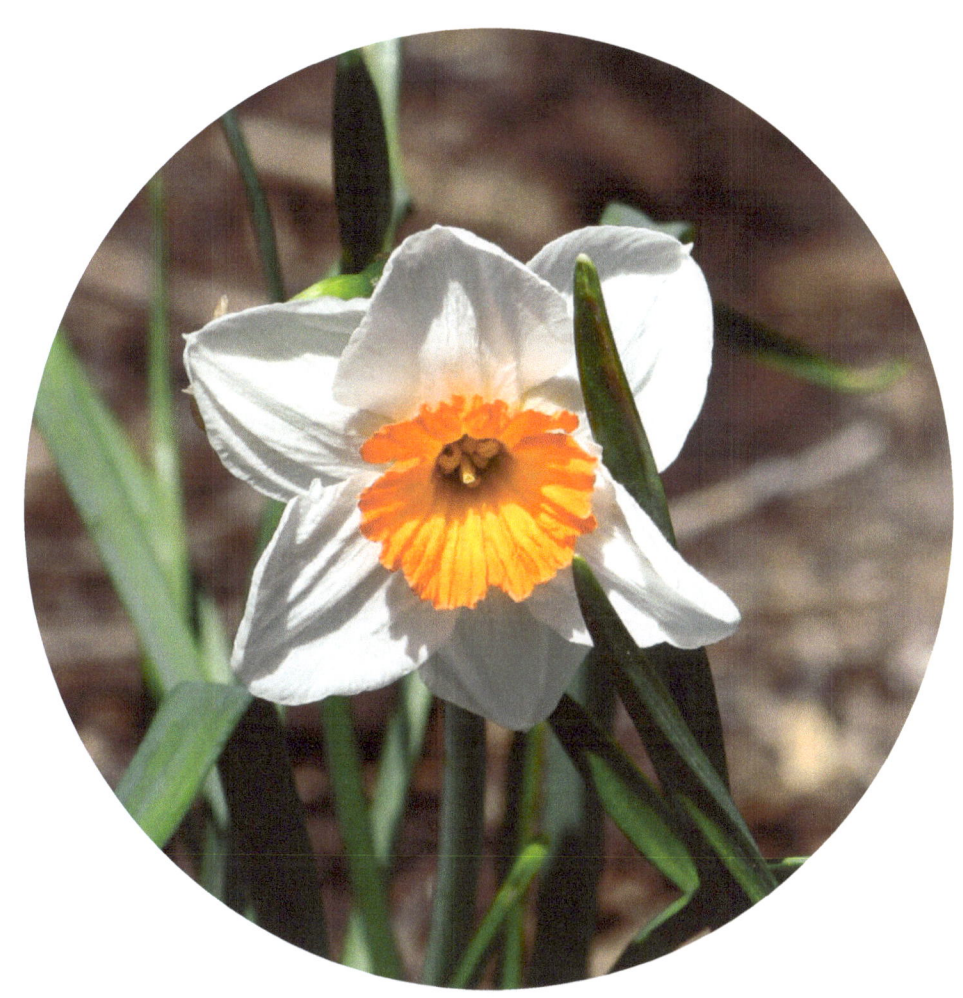

DER REICHTUM DES LEBENS IST NUR IN
DER NATUR ZU FINDEN

Die Kunst der Natur

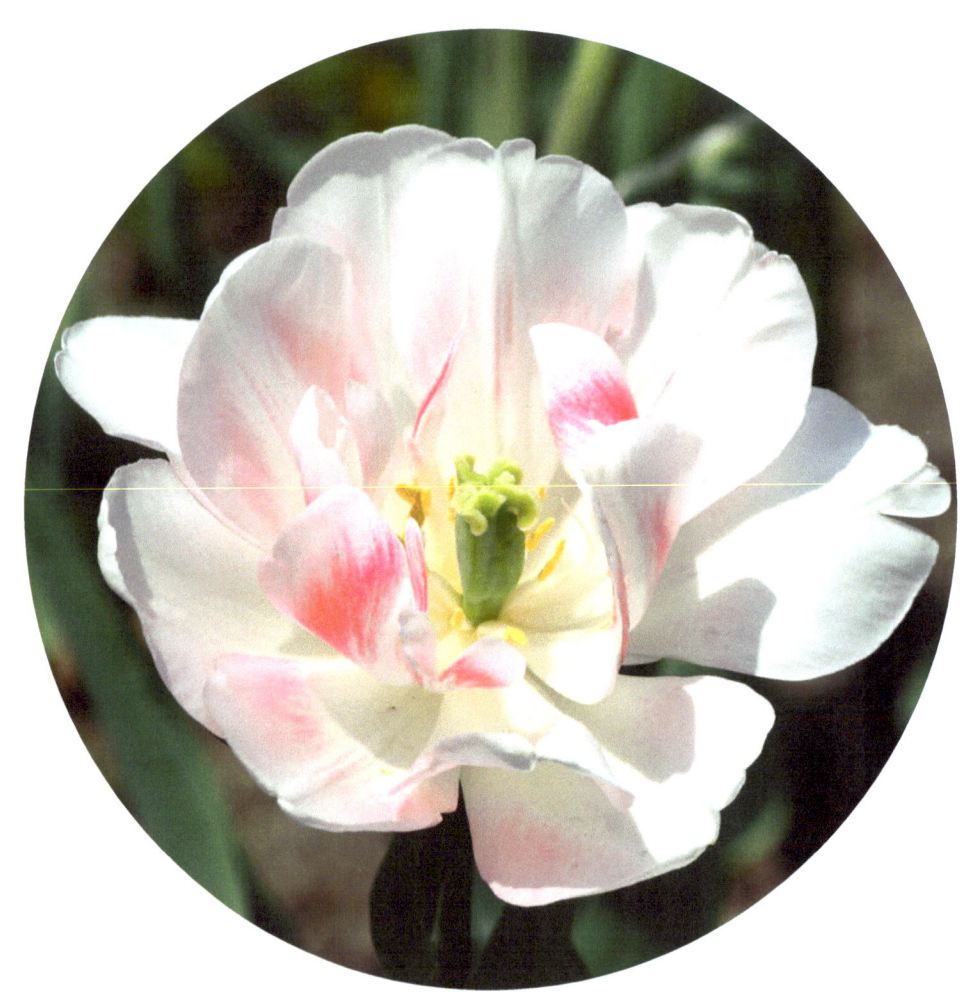

DIESE BLUME … POESIE KOMMT IN DEN SINN

Die Kunst der Natur

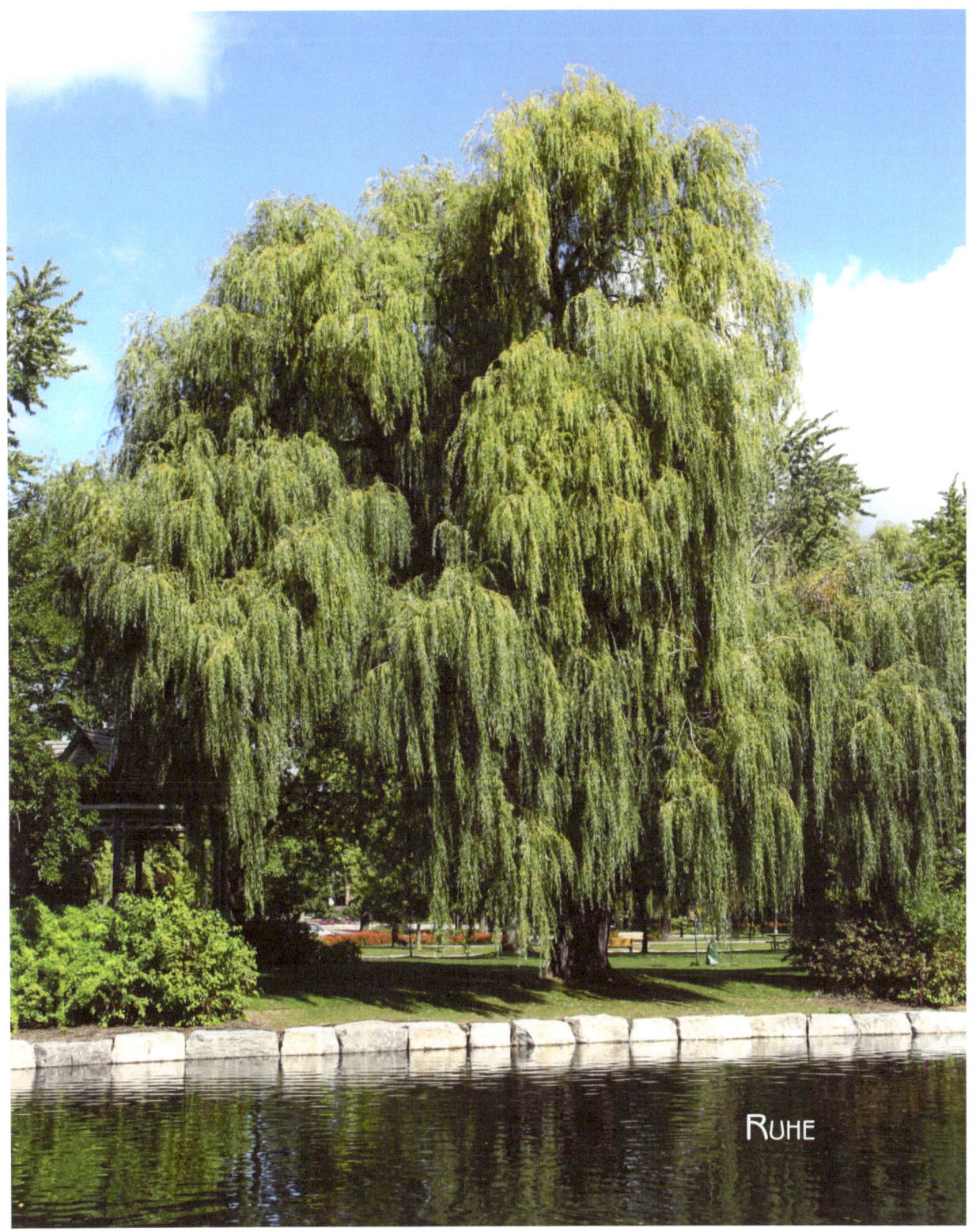

RUHE

Die Kunst der Natur

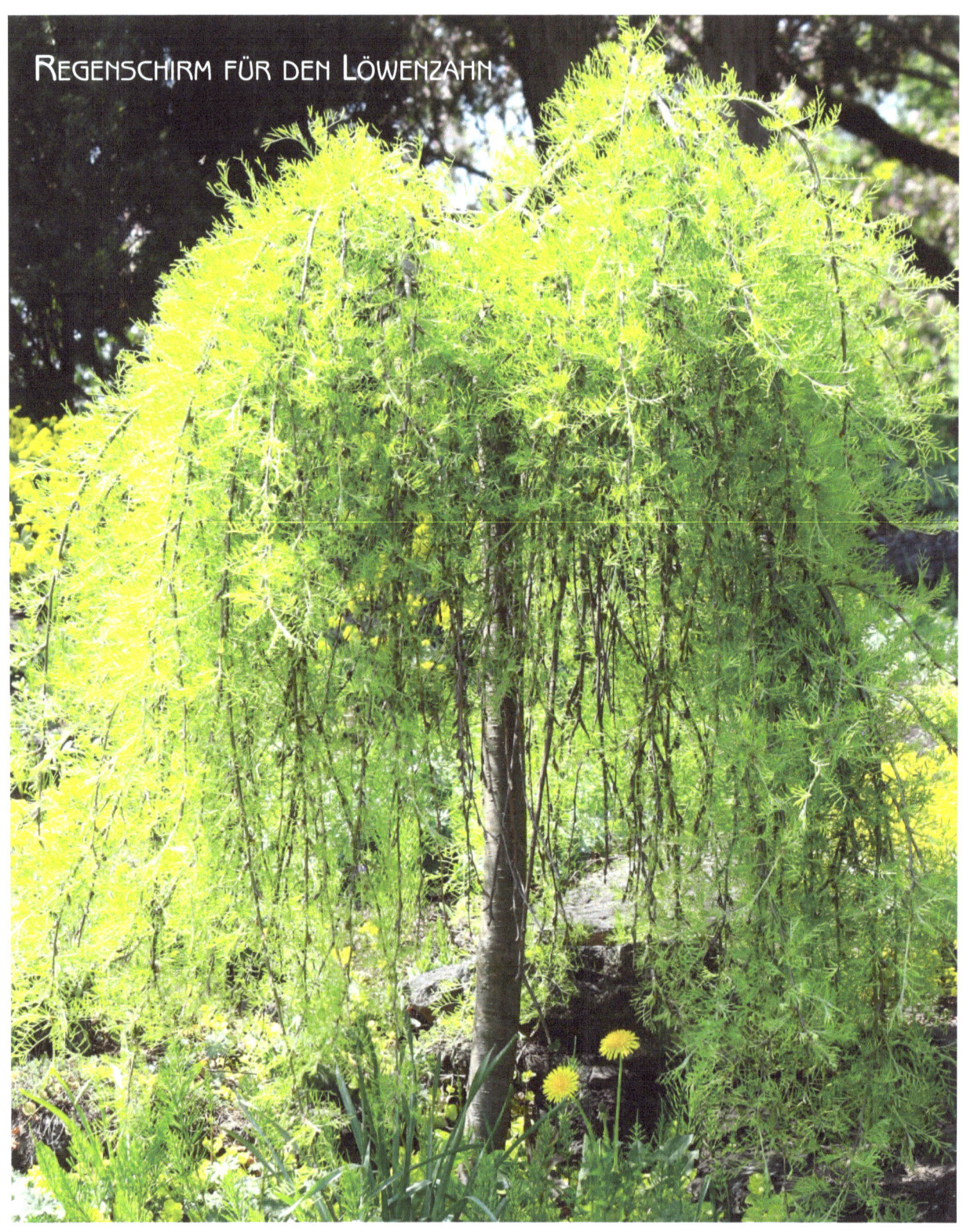

REGENSCHIRM FÜR DEN LÖWENZAHN

Die Kunst der Natur

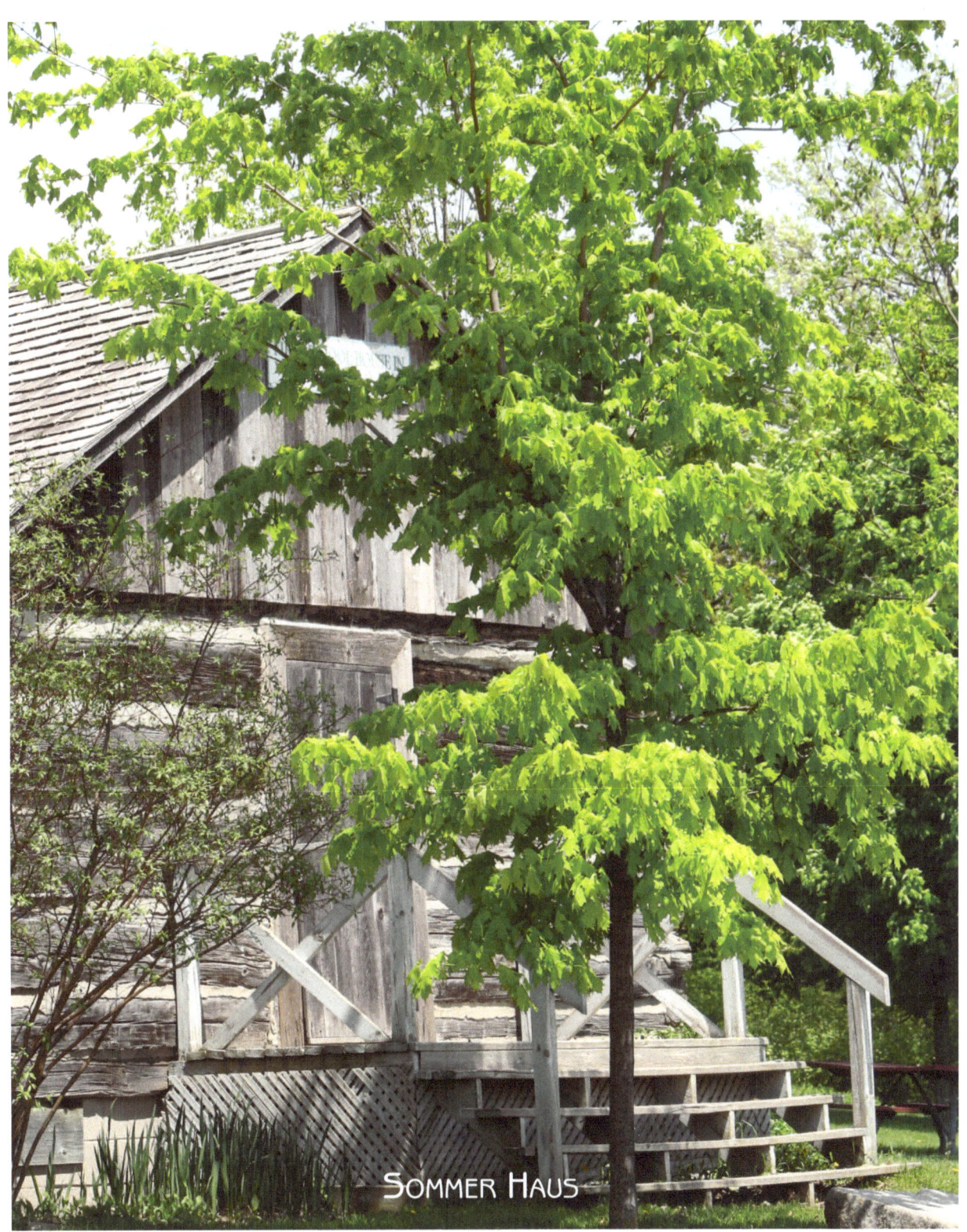

SOMMER HAUS

Die Kunst der Natur

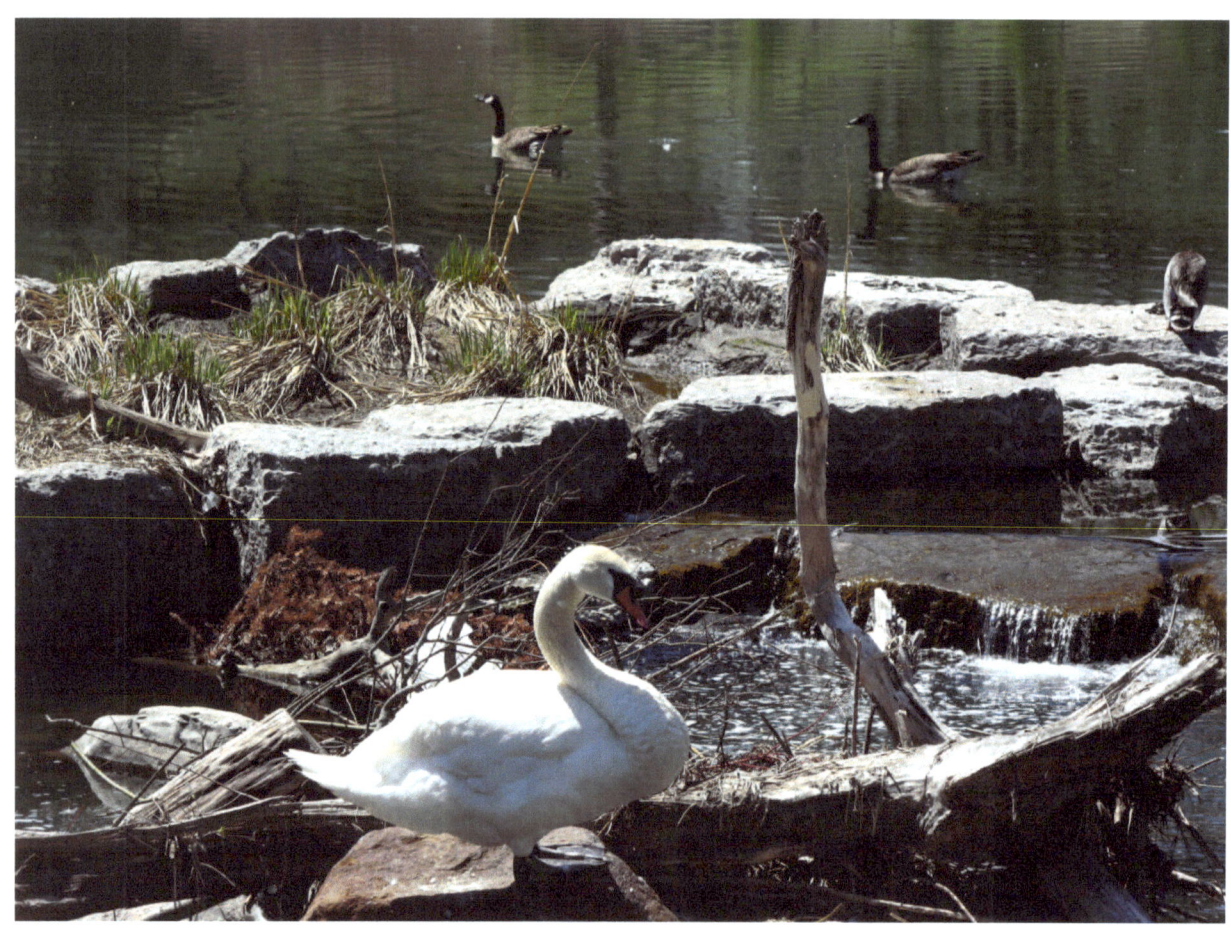

MEINE NACHBARSCHAFT

Die Kunst der Natur

PEEK A BOO

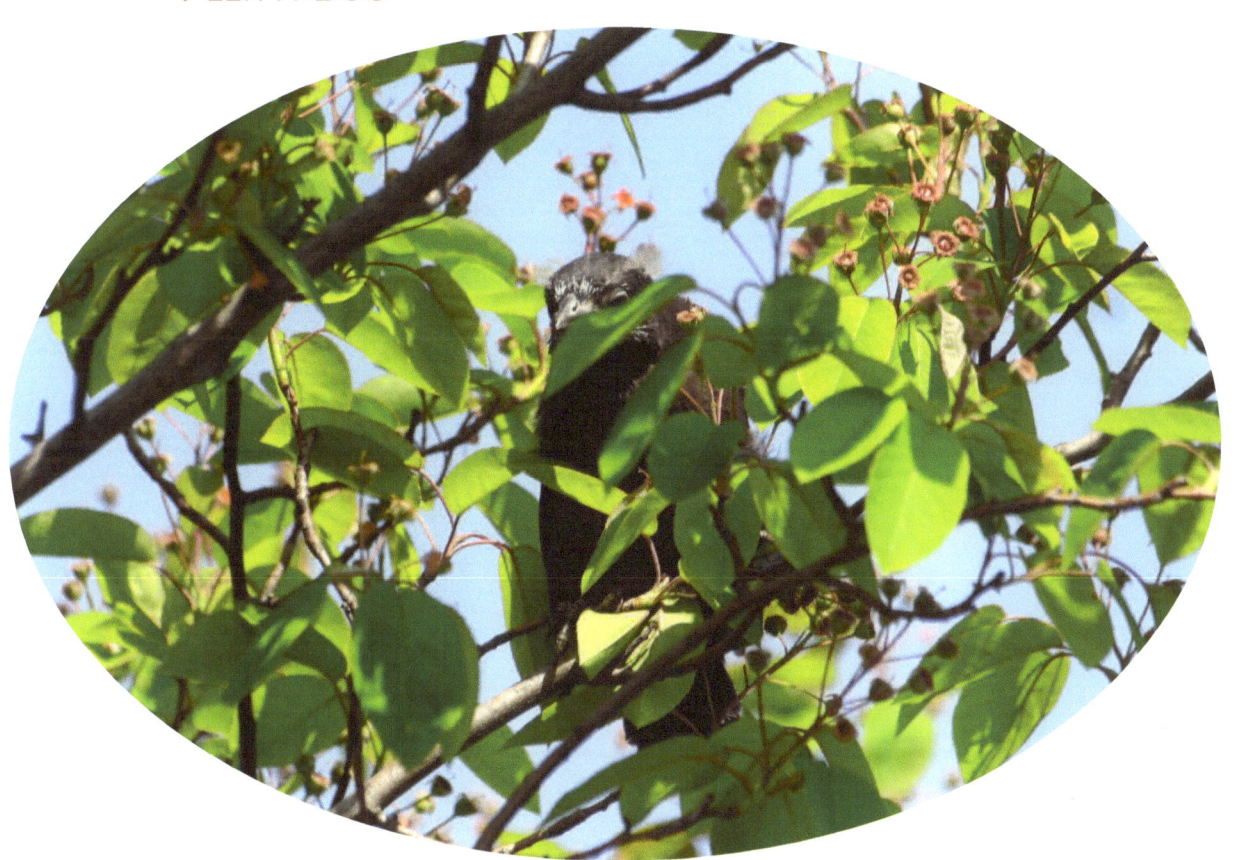

Die Kunst der Natur

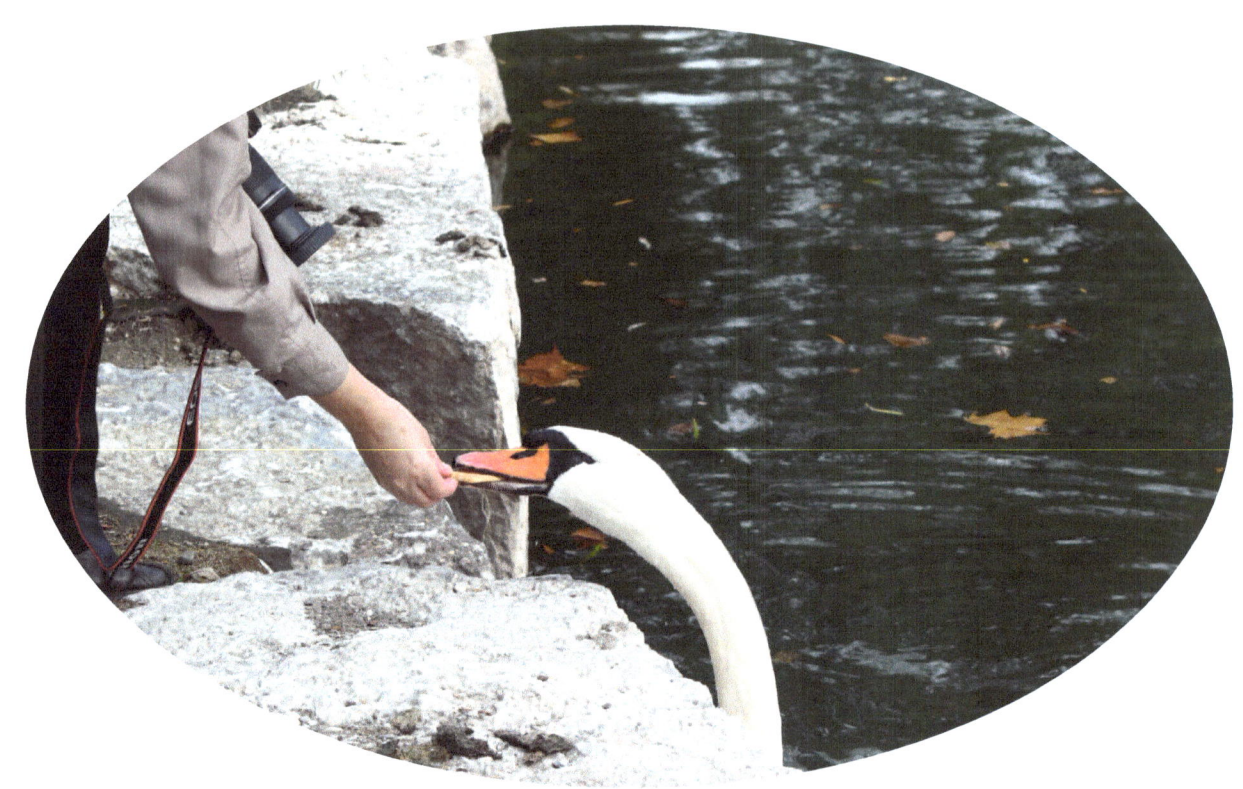

ENDLICH EIN TEE BISCUIT

Die Kunst der Natur

Die Farben des Herbst

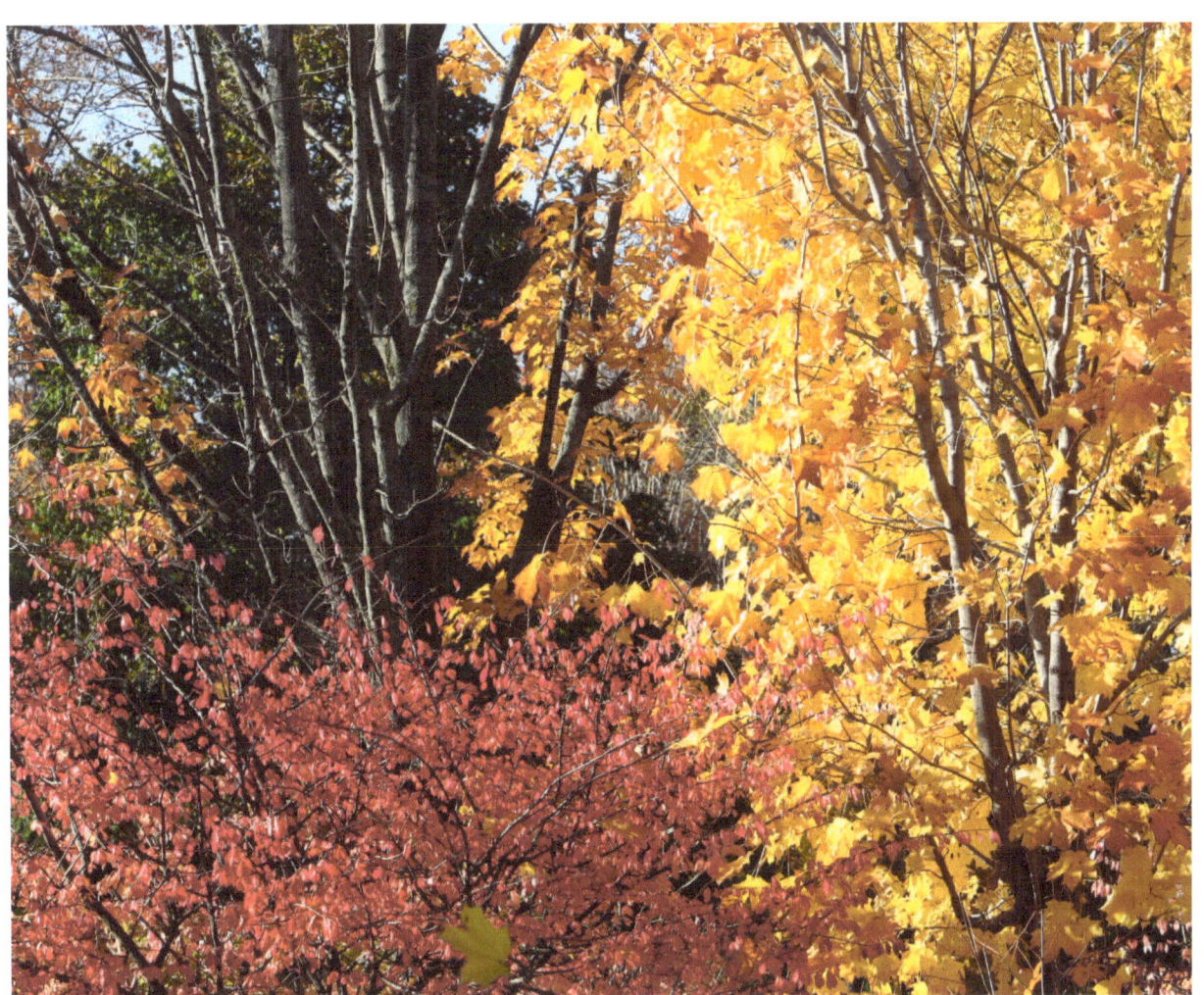

Die Kunst der Natur

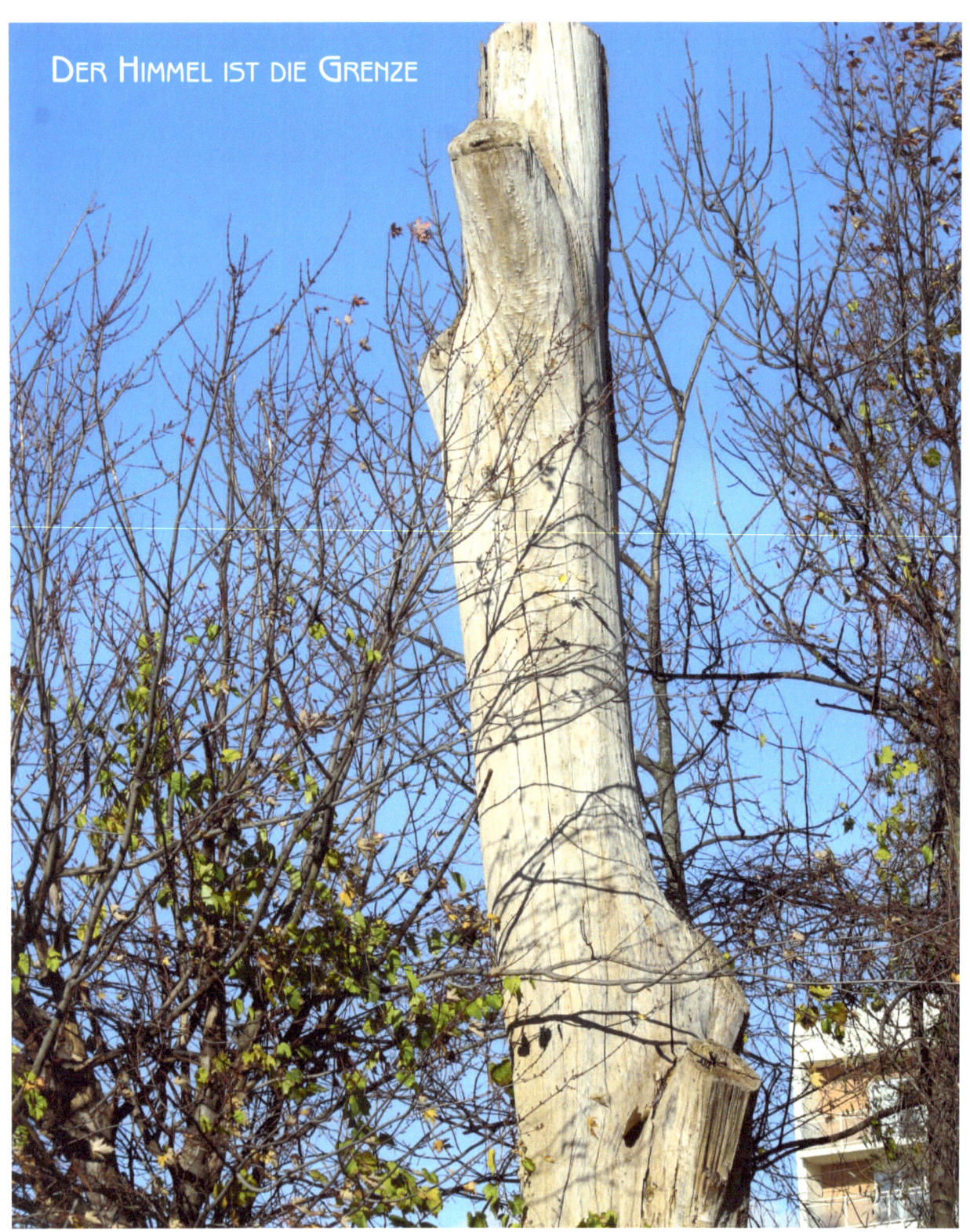

DER HIMMEL IST DIE GRENZE

Die Kunst der Natur

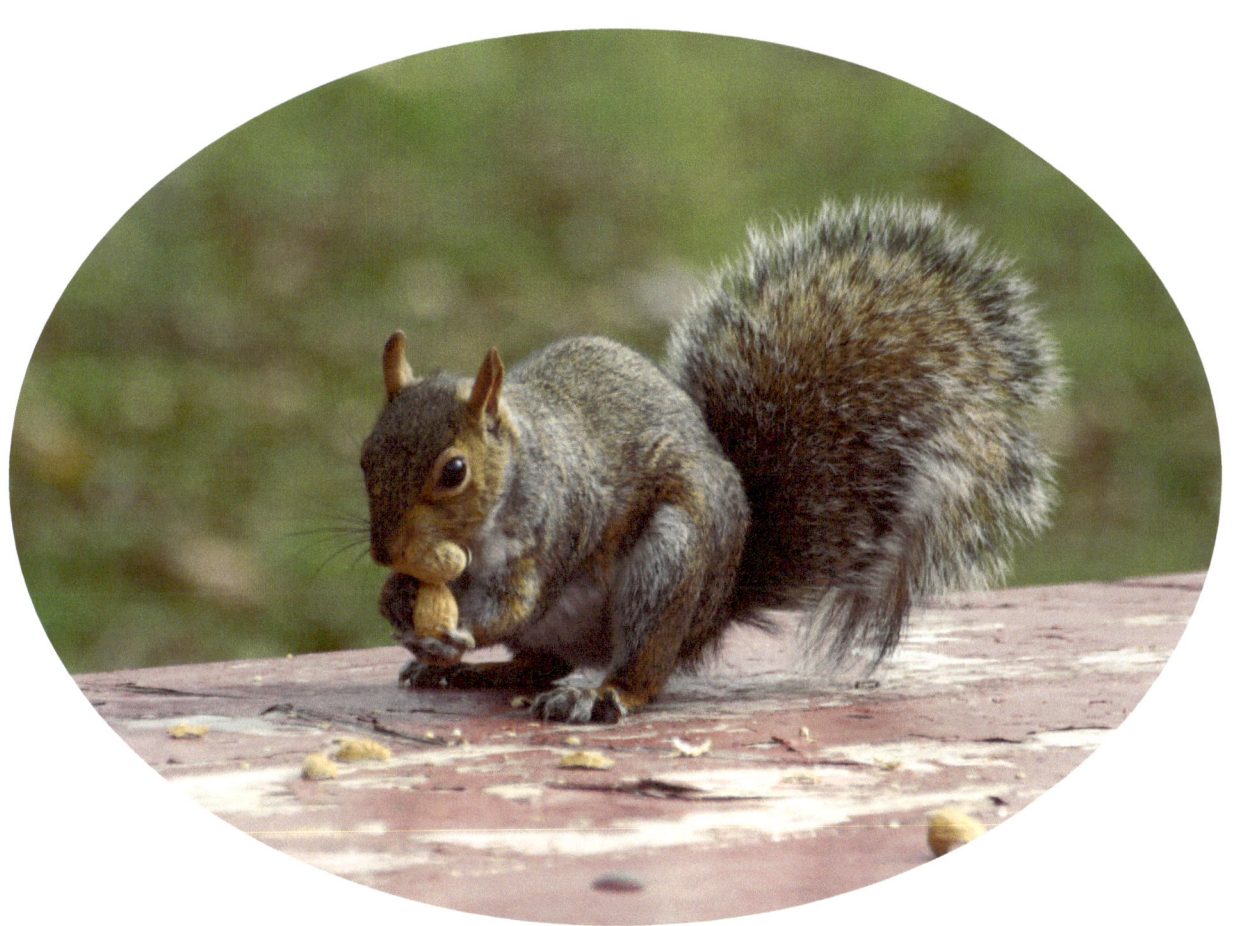

ES IST ZEIT DIE VORATSKAMMER ZU FÜLLEN!
DER WINTER KOMMT

Die Kunst der Natur

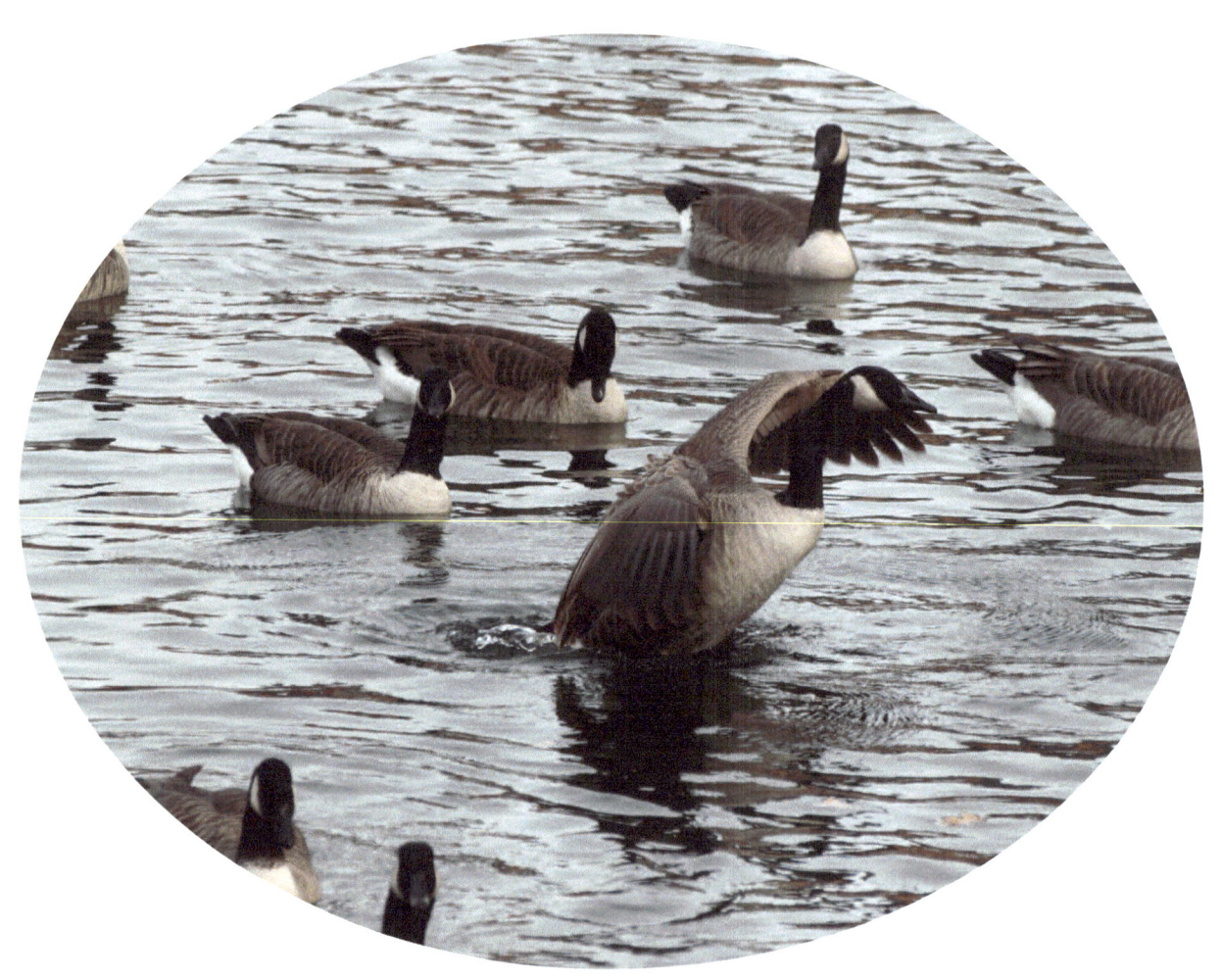

MEINE DAMEN UND HERREN …
ZEIT FÜR MICH, ZUM GEHEN

Die Kunst der Natur

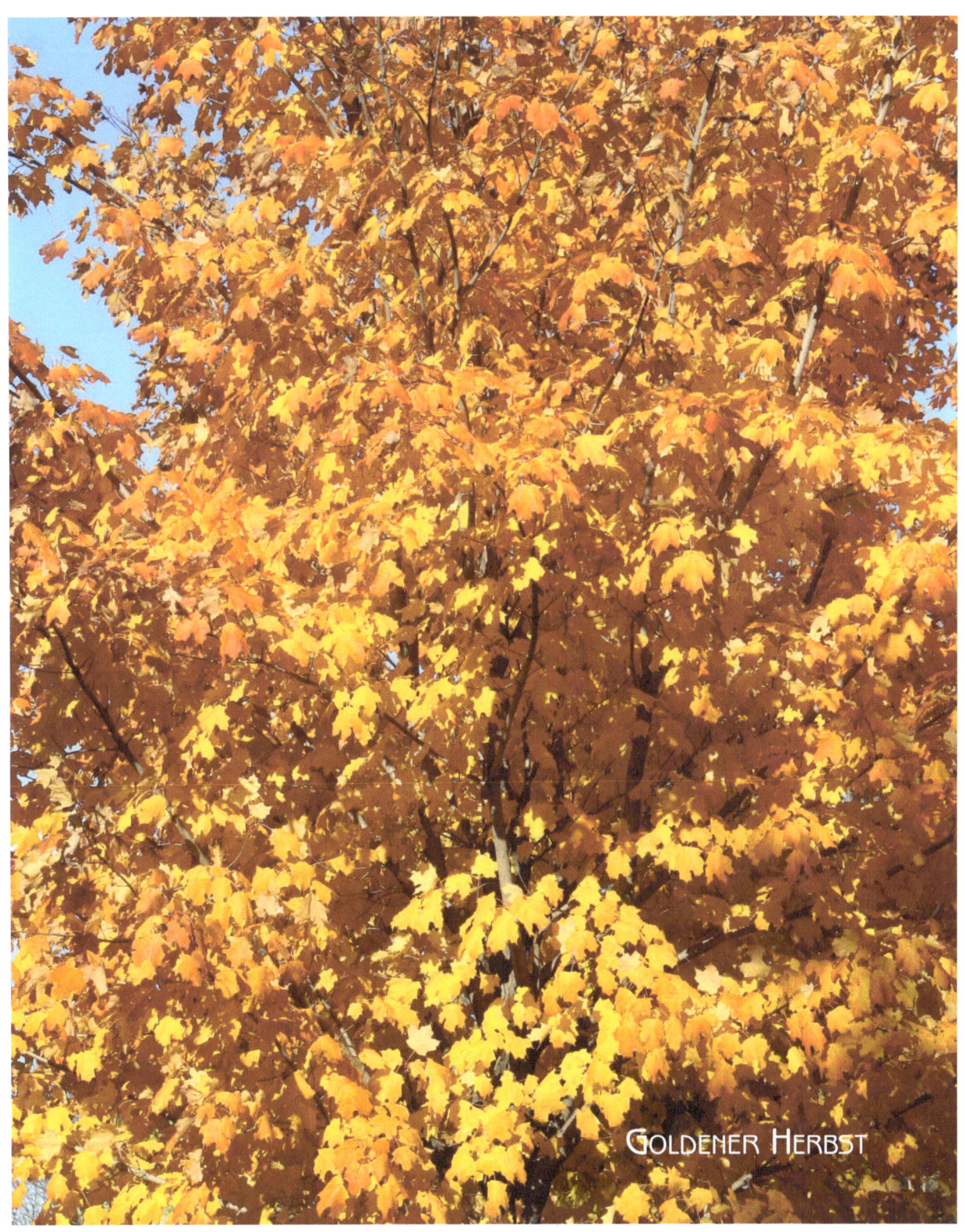

GOLDENER HERBST

Die Kunst der Natur

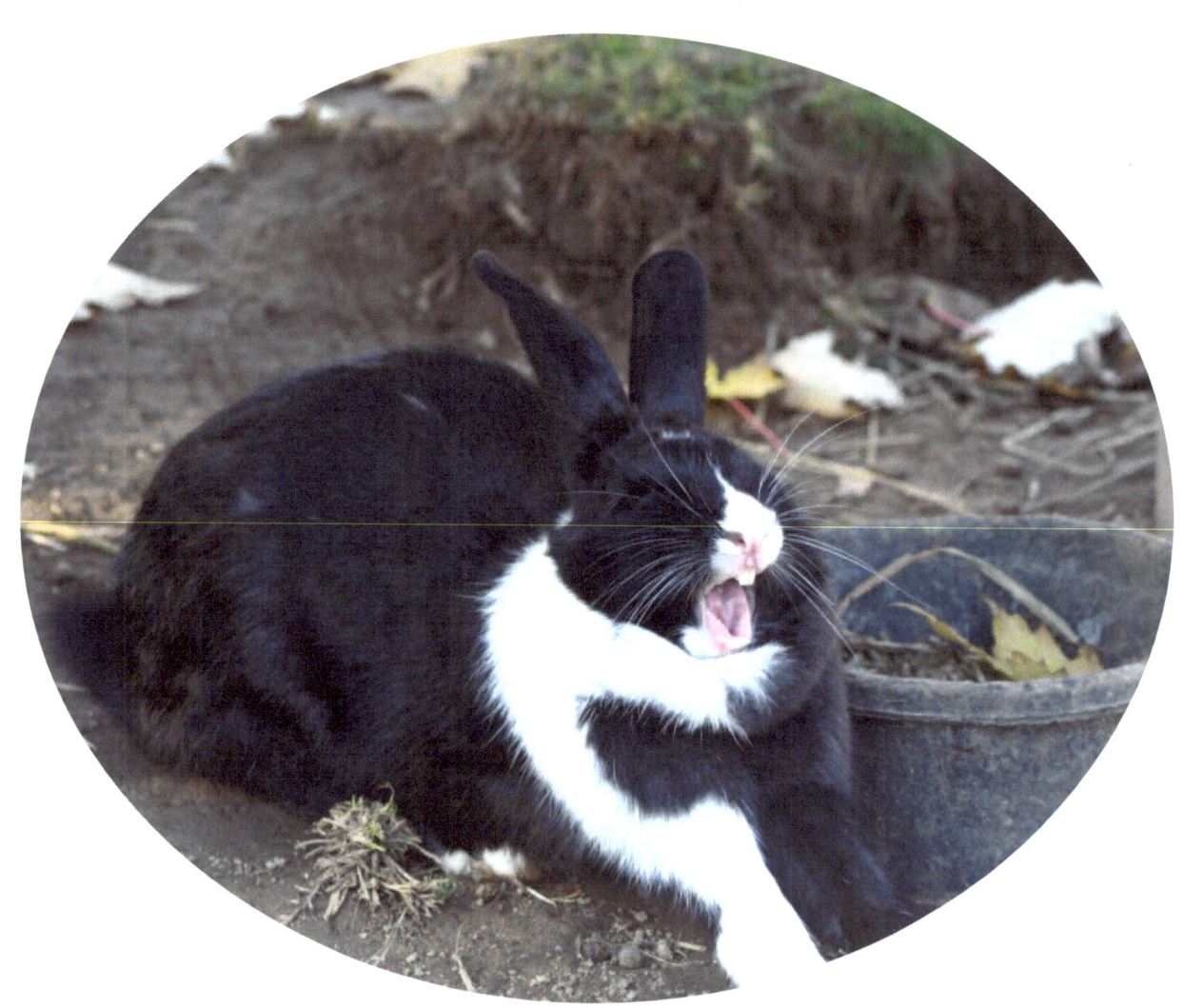

JETZT IST ES HÖCHSTE ZEIT FÜR
MEIN NICKERCHEN

Die Kunst der Natur

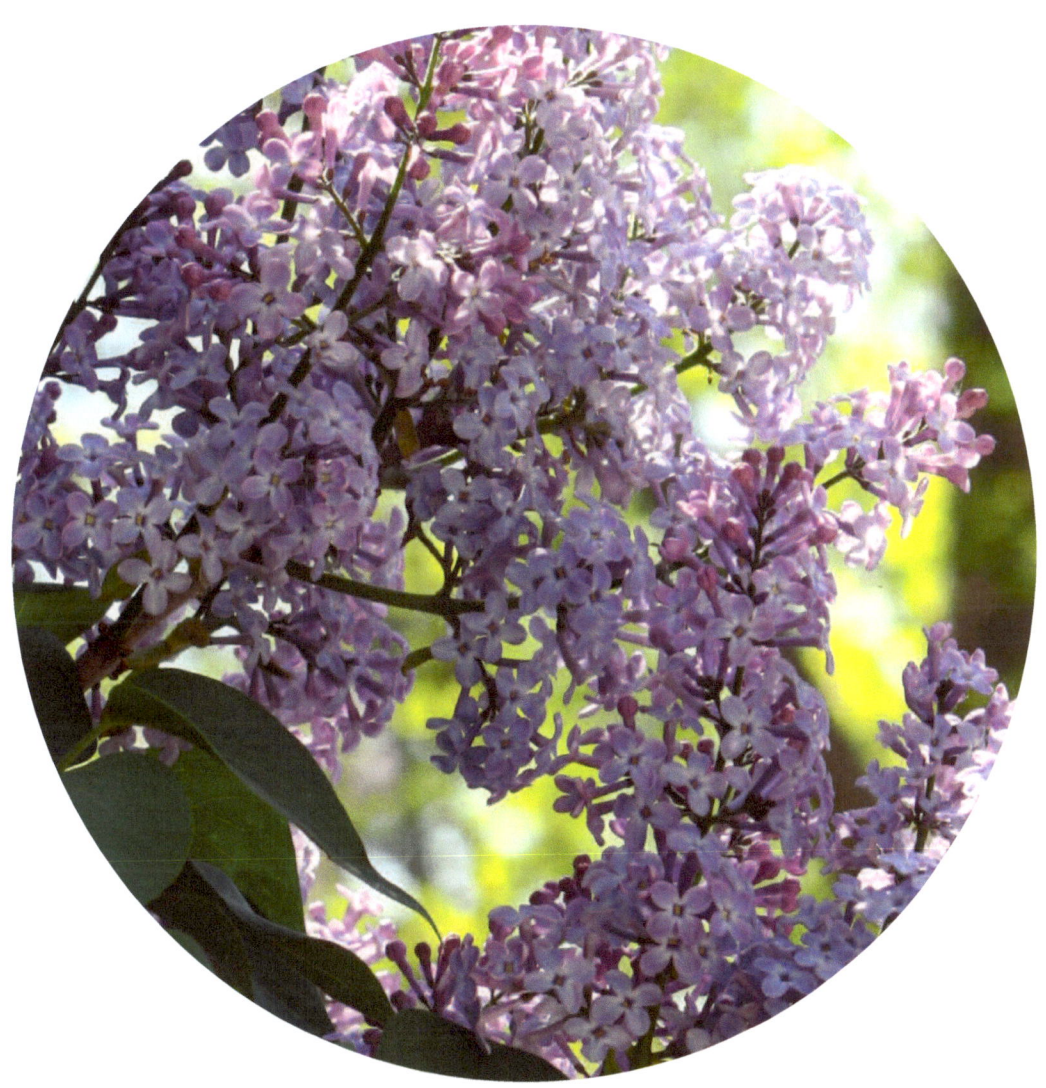

LILA ENTZÜCKEN

BIBLIOGRAPHIE — KLAUS D. EMRICH

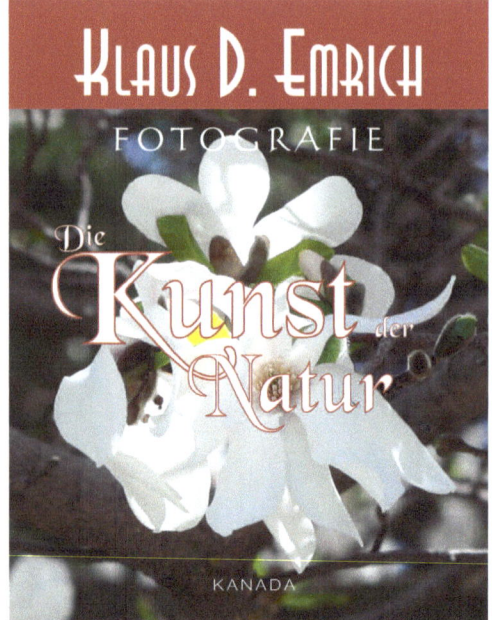

BÜCHER SIND AUCH IN ENGLISCHER SPRACHE ERHÄLTLICH.

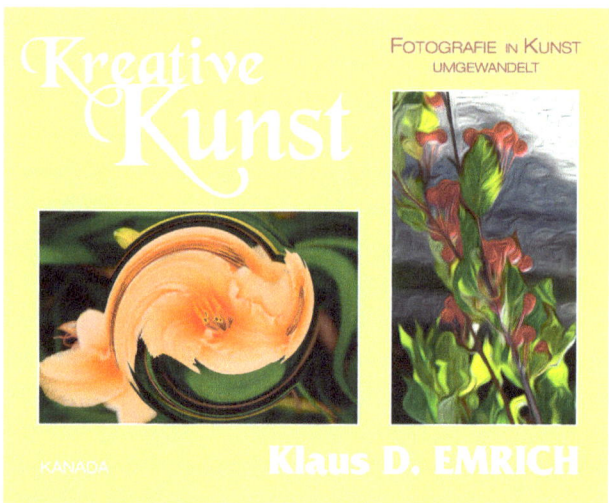

DIE KUNST DER NATUR
Fotografie - Kanadian Natur.

KREATIVE KUNST
Künstlerischer Blick über die Fotografie.

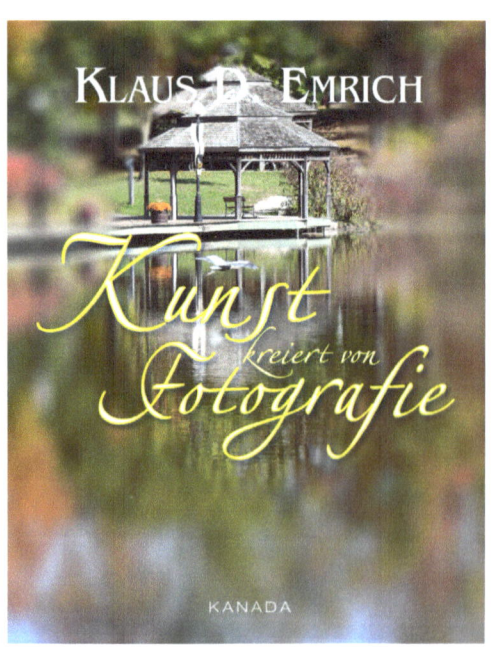

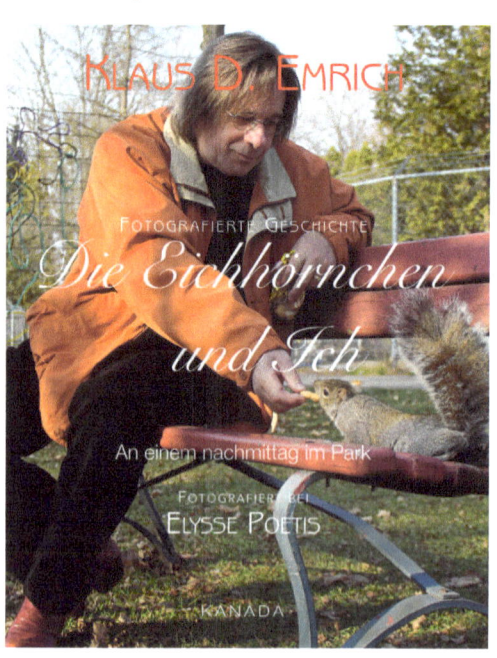

KUNST KREIERT VON FOTOGRAFIE
Fotografie in Kunst umgewandelt.

DIE EICHHÖRNCHEN UND ICH
Fotografiert Geschichte.

ÜBER DEN AUTOR

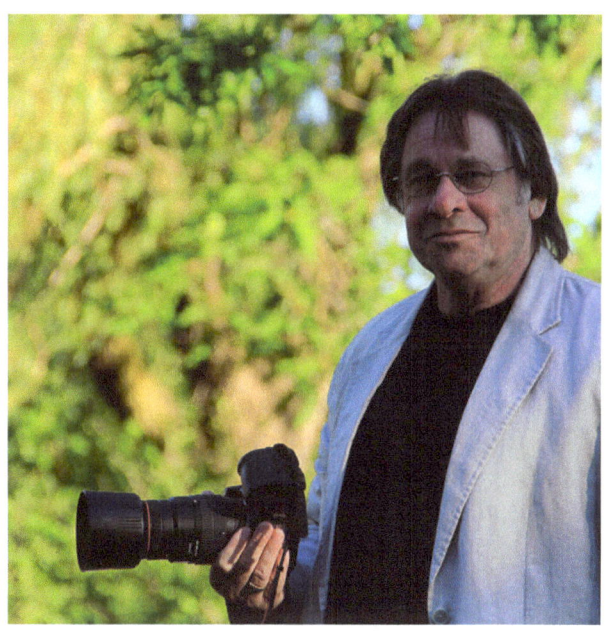

Klaus D. Emrich liebte es, Kunst zu schaffen, schon als kleines Kind in Deutschland. Würde er durch Felder, Wald und Wiesen gehen um die Natur zu erforschen. Er war fasziniert von der Schönheit die, die Natur zu offeren hatte. Erst in den letzten Jahren hat Klaus D. seinem Talent/Phantasie durch Fotografie, seinen größten Traum verwirklicht. Dieses Buch "Die Kunst der Natur" wurde im Februar 2014 veröffendlicht, durch "Von Der Alps Publishing Corporation". Klaus D. Emrich ist Autor von mehrerer Bücher bei Amazon.

Klaus und seiner Frau Mary, (Pseudonym Elysse Poetis - Preis Winnende Autorin zahlreicher Bücher bei Amazon), leben in der berühmten Region of Waterloo, Ontario, Kanada.

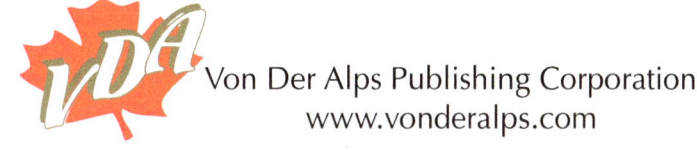 Von Der Alps Publishing Corporation
www.vonderalps.com

www.ingramcontent.com/pod-product-compliance
Lightning Source LLC
Chambersburg PA
CBHW040750200526
45159CB00025B/1837